名师名校名校长

凝聚名师共识
固态名师关怀
打造名师品牌
培育名师群体

顾明远题

种麻扶蓬 问道于史：

四十年杏坛行与思

毛经文 / 著

图书在版编目（CIP）数据

种麻扶蓬　问道于史：四十年杏坛行与思 / 毛经文著. — 长春：吉林文史出版社，2022.3
ISBN 978-7-5472-8459-9

Ⅰ. ①种… Ⅱ. ①毛… Ⅲ. ①中学历史课—教学研究 Ⅳ. ①G633.512

中国版本图书馆CIP数据核字（2022）第043088号

种麻扶蓬　问道于史：四十年杏坛行与思
ZHONG MA FU PENG WEN DAO YU SHI：SISHI NIAN XINGTAN XING YU SI

著　　者：毛经文
责任编辑：戚　晔
封面设计：言之凿
出版发行：吉林文史出版社有限责任公司
电　　话：0431-81629369
地　　址：长春市福祉大路5788号
邮　　编：130117
网　　址：www.jlws.com.cn
印　　刷：北京政采印刷服务有限公司
开　　本：170mm × 240mm　1/16
印　　张：10
字　　数：180千字
版 印 次：2022年3月第1版　2022年3月第1次印刷
书　　号：ISBN 978-7-5472-8459-9
定　　价：58.00元

序言

用历史的光照亮我们前行的路

——记广东省特支计划教学名师毛经文老师的“历史人生”

平凡朴实却句句蕴含哲理与智慧的光芒，接近退休年龄却依然对从事的教育事业保持火热情怀，赢得了莘莘学子由衷的敬重，肩挑重担胸怀宽广，著作颇丰，带授徒弟十几人、网研学员122位，他所著《真史育真人才是人间正道》《历史因真实而崇高》以及广西教育学院教研部历史教研员夏辉辉撰写的人物侧记《让历史教育回到自己的本色》一起刊发于2018年第1期《中国教师》的“名师工作坊”栏目。另外，他还有个人专著、个人编著或主编著作、论文、科研项目等，都取得了丰硕的成绩，令人惊叹！

他是谁？他就是38岁就被评为中学历史特级教师、广东省特支计划中小学系列首批教学名师、广东省名教师工作室主持人、广东省首批高中历史学科带头人，现任教于东莞高级中学的毛经文老师。

一

五十开外的毛经文老师非常健谈，将历史事件娓娓道来，就好像在历史课堂教学中讲述历史故事一样，一件件，一起起，条理清晰，思维敏捷。他爱好喝茶，认为喝茶可以静心，可以修身养性，可以开阔人的心胸，是浮华背后最安静的修行。所以，他往往在闲暇之时沉浸于茶香，沉醉于思考。

中华民族上下五千年的厚重历史，就在这样的境界里梳理、提炼、输出。其实，毛老师身上所展示出来的知识容量和人文素养，也如茶般闻之弥香，令人神往。作为他的学生是幸福的，因为他把每个学生都看成是爱因斯坦，认为每个学生都是人才。土耳其有句谚语："上帝为每一只笨鸟都准备了一个矮树枝。"毛老师结合中外，告知学生"天生我材必有用，笨鸟也有矮树枝"，拥有"三平两健康"也是人才，也是人生的成功。何为"三平两健康"呢？毛老师解释如下："三平"即是平常、平淡、平凡；"两健康"则指身体健康、心理健康。

毛老师出口就是名言警句，或是引经据典，或是由自己归纳出来的真知灼见。譬如，他一直认为，历史学科首先是培养好人、善良的人，然后才是有能力的人、高层次的人、有价值的人。再比如，他说"只要不放弃，你的人生总会有爆发点"，等等。于是，学生将他所讲的一部分话语记述下来，编成了"毛言毛语"："毛"，既可说是取自他的姓，也可以理解为细微、点点滴滴，一周汇总一次，且看同学们的记录：

1.改变自己的态度，才能垒高人生的高度！

2.人生有三种痛苦值得我们吃：努力的痛苦、坚韧的痛苦、步步艰辛迎难而上的痛苦。人生也有一种痛彻心扉的苦，那就是后悔莫及的痛苦。

3.三年高中生活，时时刻刻都在做选择题：A.不负此生、知难而行、自我超越；B.虚度人生、随波逐流、自我沉沦。

4.提倡高二17班的学生追求"七度"：胸怀要大度、说话要适度、读书有厚度、视野有宽度、学习有深度、勤奋有力度、学业有高度。

5.成功是拼搏这个大家庭里面年纪最小的那个孩子。失败是他的母亲，是母亲一手把他抱大；磨难是他的父亲，他是父亲的掌上明珠；勤奋是他的大哥，专注是他的二哥，坚守是他的姐姐，哥哥们陪伴左右，姐姐与他形影不离。

如此质朴而蕴含哲理、通俗易懂的语言不胜枚举，毛老师的学生每周汇总下来，发到班级群里，或者打印出来，成为学生们争相传阅的"宝典"。他有一句"名言"："晚上6∶40，你来，或者不来，老毛都在这里等你。"听完这么幽默风趣的话语，哪个学生不喜欢上他的课、不喜欢参加晚自习呢？

毛老师身体力行，主张多鼓励学生的行为，少关注事情的结果，天下没有白吃的苦，没有白走的路。在东莞高级中学从教十五年，他始终坚持两点：第一，按时下课，从不拖堂；第二，从未责骂过学生。他认为，要尊重学生成长的规律，语言暴力对学生的伤害是一辈子的。我们可以想到，毛老师深受学生的敬重，跟学生拉家常式的教学和谈心，完全深入到学生的心灵里，就像一束光照进了学生的心房。

二

慈眉善目的毛老师1981年参加高考，1984年参加工作，后来的20年他耕耘于湖南的课堂，做过多年的学校领导，但始终专注于中学历史教育教学，38岁被评为特级教师。对于教书，毛老师始终有用不完的热情，这大概跟他小时候的经历有关。当然，面对眼前滔滔不绝的教学名师，你可能不会想到，毛老师读高中的时候特别内向，跟现在比简直是天壤之别。

毛老师上高中时不喜欢讲话，常常一个人独来独往，做着自己喜欢做的事——埋头苦读。那个年代非常流行的一句话就是：十年寒窗无人问，一举成名天下知。坚守住自己的本分，做好该做的事，因此他高考前选的是中医专业。令人感叹命运奇妙的是，当年师范生提前录取，他被录取到了师范院校。进入师范院校的毛经文像一只雄鹰突然发现了一片广阔的天空，于生命的迷茫、困惑之时，徐徐展开隐藏已久的羽毛。尽管已经过去了那么多年，毛经文老师依然清晰地记得自己的辅导员周老师，为人特别热情、有方法，鼓励他多寻找机会锻炼自己，冲出自我禁锢的藩篱，才能发现自我、展翅高飞。

于是，在周老师的鞭策下，所有的演讲比赛毛老师都去参加，敢于站上台，大胆挑战自己，战胜自己的胆怯。普通话说不好，就苦练普通话。周老师不断鼓励他："毛经文同学，勇敢说、大胆说，反正难受的不是你，而是听众。"这句玩笑话，给了他足够的勇气，也翻开了他乐观性格的篇章。

17世纪英国哲学家培根有句名言："读史使人明智，读诗使人灵秀。"浩如烟海的历史典籍丰润着毛经文老师的文化底蕴，也丰润着他的性情。清末洋务派和湘军首领曾国藩就给予毛经文老师颇大的影响。曾国藩一生为学为政奉行以耐烦为第一要义，主张凡事要勤俭廉劳，不可为官自傲，他个人修身律己，以德为官，礼治为先，以忠谋政，获得了巨大的成功。反复翻阅曾国藩晚清时期的著作，毛经文透过其文字表述，似乎看到了另一个自己。譬如，曾国藩读书时“比贼笨”的故事，深深烙印在毛老师的脑海里。故事说的是，曾国藩小时候天资并不高，甚至可以说比较笨，学习起来非常吃力。一天晚上在家里读书，有一篇文章他重复读了很多遍，可就是背不下来。他就一遍一遍地读，一遍一遍地背，夜已经很深了，他仍然没有背下来，这可急坏了一个人——原来，他家书房的房梁上潜伏着一个小偷，想等他读完书睡觉之后进屋偷点儿东西，可是这个小偷在房梁上等啊等，就是不见曾国藩睡觉，最后小偷实在等不下去了，十分生气地跳进屋子，对曾国藩说：“就你这么笨，还读什么书？我听几遍就会背了！”于是，小偷将那篇文章从头到尾背诵了一遍，然后扬长而去。

毛老师说，要想逆袭，第一要素是勤奋，人一旦勤奋起来，再高深的知识也可以弄懂；第二要素是为人处世、修身，这是一门大学问。就像曾国藩，对每天的言行进行检查、反思，不断给自己提出更多要求：要勤俭、谦对、仁恕、诚信、知命、惜福等，一生的辉煌事业才有了扎实的根基。毛经文老师长期教授高二、高三年级的学生，对如何培养学生有着更深刻、更清醒的认识。他认为，时代需要多元化的人才、创新型的人才，也需要工匠型的人才，高考是选拔考试，家长们往往表现出急躁、拔苗助长的行为，势必影响到孩子的学习和身心状况。基于此，毛经文老师有一句话对家长们说：“教育好你的孩子是老师的事业，培养好你的孩子是家长的产业。”

三

历史，本身是比较枯燥乏味的，若不能揣摩听众的心态，极易令人麻木、反感。可是在毛老师看来，作为一名人民教师，要靠自身的内涵引领课堂，把历史知识做成营养品，让学生开开心心地“吃”下去。“毕竟，学生不是来开会的，是来开心的。”说完这话，毛老师慈祥的脸上露出会心的一笑，正是由于毛老师这样睿智的思想、和善的性格，才散发出令人无法抵挡的人格魅力。

以史为鉴，把历史当作养分，滋润学生的成长。历史在毛老师的眼中，是非常有趣的，教学也特别讲究方法。例如，他引导学生利用联想记忆法，将历史知识跟自己的生日、门牌号码、熟悉的电话号码等联系起来，找到它们的共同点来进行快速识记，而且记得牢固。他又做了一个形象的比喻，说把某段历史进行压缩，一段话压缩成一句话，一句话又压缩成一个词，再把一个词压缩成一个字。等到考试之时，将自己压缩的内容进行解压即可，一点点恢复或者串联起来，就组成了原本的具体史实。

历史，被称为“科学人文之母”。在历史中参透人生，在历史中学会做人，是毛老师孜孜以求的治学态度。他从真史育人的宗旨出发，让学生在拒绝虚假中践行历史，是中学历史课堂保留、传承、弘扬与发展以儒学为主要内容的优秀传统文化基因的必由之路。沉醉于历史教学以来，毛老师发表教研论文近百篇，七篇被人大复印资料中心全文转载。在“酌奇而不失其真，玩华而不坠其实”的教学追求中，他喜欢把自己比喻为闯入史海中的行者，虽然没有参透其中的禅机，但可以改变自己的课堂。虽然已年过半百，但他依然在追求和演绎“高富帅”的精彩：高在品质与学识、富在内涵与精神、帅在行动与反思，不断用实际行动呈现自己有深度的教育思考。

在毛老师的教学理念里，从没有死记硬背、生搬硬套的呆板学习。他说，要从历史学习中发现勤奋、专注、永恒、坚守。历史教师可以不是思想家，但不能没有自己的思想，做对的事情远比把事情做对重要。当然，简单的事情重复做，也就成了专家，况且记忆力是可以训练出来的。

一潭死水式的课堂，无疑会扼杀学生的天赋。在毛老师的课堂上，学生可以随时站起来提问，他主张让学生在平和的心态中学习，多让学生质疑。疑，则出真知灼见，才能把知识学得通透，明白。他认为历史学科的学习不在于对历史本身的研究，而应通过历史来教育学生、滋润学生，这才是历史教育的真谛与本质。

四

在研究中工作，在工作中研究，是毛经文老师一直秉持的作风。时代的演变带动着社会发展的诸多因素，作为一名教师，毛老师认为解决教学中的实际小问题，就是解决了社会大问题。

不知不觉扎根于东莞这块飞速发展的土地已经十五载，当年的人才引进机制，充分说明东莞市“海纳百川，厚德务实”的城市精神绝不仅仅是一句空话。自从2009年开始成为教学科研小组成员以来，毛老师像老黄牛一样，兢兢业业地工作，取得了令人称赞的成绩。之前，历史学科只有一名特级教师，在毛老师的带领下，东莞现有五名特级教师、一名省级教育家培训对象。毛老师通过示范上课，互相听课、研磨，手把手栽培出一批教学好手，为东莞市的历史学科教学奠定了更加坚实的基础。

做学问是一件非常辛苦的事，既要耐得住寂寞，也要沉得住气，挺过去才能迎来美丽、惬意的风景。毛经文老师说，从80%的努力达到20%的成绩，变成20%的努力达到80%的成绩，是需要一番“寒彻骨”的。毛老师指出在历史教学中“比知识能力更重要的使命是价值引领”，让历史价值观在课堂上有了实实在在的落脚点。他心中追求的历史教育的终极目的是铸造未来国民的素养，帮助学生寻找幸福生活的密码，养育学生人格，让他们的精神站立起来。如果中学历史课堂缺乏价值引领的正确选择，任何机会都可能变成陷阱与危害。能力越大，破坏性越大。因此，中学历史学科有着比知识传授、能力培养更重大的使命——价值引领，将这样的核心素养植入学生骨髓，让思想跟上前行的脚步。

毛老师说话总是大声而爽朗，平日里听他说话，绝不用侧耳细听，远远地就知道他来了，正如他提出的教学主张：在关键处大呼一声，便令听者敬佩之至。难怪他的学生这样描写他：“用许多简单的事例和语言来给我们讲解，这无疑需要很深厚的教学功底。不仅如此，毛老师在课堂上还会通过一些事例来教给我们一些为人处世之道。因此，我们对毛老师是发自内心的尊敬。毛老师，谢谢您成为我们的老师，爱您！”

诚然，情绪平和是最好的教育，但是毛老师认为教育也应有“戒尺”，此“戒尺”更多的是一种约束、引领、滋养、督促和鞭策。情绪平和中严格要求，宽容理性中手持“戒尺”。

平易近人的毛经文老师，成为广东省特支计划中小学系列首批教学名师。他的教育教学故事一直为同事、学生以及家长津津乐道，他为东莞市历史教学做出的贡献像一道金灿灿的光芒，照亮了课改前行的路。

陈苑辉

（本文转自东莞市委组织部编辑出版的《才聚莞邑》一书，广东经济出版社，2019年11月第1版）

目录

第一辑

问道于史富滋养——历史教学的核心始终是育人

第二辑

勃勃教研向阳生——让历史教学充满诗情画意

第三辑

肯将荣瘁校群雄——省名教师工作室成果回眸

第四辑

蓬生麻中扶更直——正在走向春天的后进班级

第五辑

五年计划无终结——持续写好自己的杏坛历史

第一辑

问道于史富滋养

——历史教学的核心始终是育人

“无用之学”堪大用

——对中学历史教育新功能的“零思碎想”

历史教育是人文教育的一种，是形成学生品质的基础学科之一，如果科技教育主要是培养学生科学理性的话，历史教育则主要是培养学生善良的人性。同时，也是培养学生尊重多元、宽容异质文化与价值观和文化融通能力。要让学生通过学习历史，具备广、博、雅的人文情怀，形成对生命、对家庭、对社会、对自然的悯惜情怀与善良的情感态度价值观。历史教育不仅仅是为了培养能工作、会工作的人，更要培养会生活、懂幸福的人。

一、中学历史教育的新核心

历史教育的终极目标是培养人。培养什么样的人呢？从国家层面来说，就是要培养出栋梁之材；从社会层面来说，就是要把学生培养成遵纪守法的合格公民；从个人层面来说，就是要把学生培养成一个好人、一个善良的人。无论哪个层面，无论才能大小或贡献多少，首先必须是一个好人、善良的人。正如余文森教授在《核心素养的教学意义及其培育》（《今日教育》2016年3月）一文中所说的：“要努力把学生培养成为知识丰富、思维深刻、人性善良、品格正直、心灵自由的人。”因此，历史教育不是学科中心主义，不是学好历史需要什么样的素养和遵守什么样的规则，而是中学历史这个学科能给学生的成长、成人、成才、成功提供什么样的营养或帮助。服务学生成长、助力学生成长是中学历史学科最不能辜负的历史使命，也是唯一的价值担当与中学历史教育的核心。我们的历史学科要为学生成长服务，要以关注学生的成长、改善学生精神生活、让学生倍感美好幸福为核心，对学生生存技能的教育与训练，不是历史教育的唯一目标，帮助和教会学生追求幸福生活、找到快乐生活的方式，才是历史教育的根本与主旨。

历史学科包含历史知识、学科能力和素养养育。历史课堂给予学生的也不仅仅是理想的分数与优秀的成绩，更重要的是一种求真精神，一种学历史、看历史的逻辑思路，一种从历史中学会的质疑与思辨思维，一种适应未来社会需要的情商与智慧。历史知识掌握可多可少，能力培养也有高有低。但素养养育却没有高低之分，它是人人都可以追求的极致和终生目标。素养养育与读史养心才是中学历史课堂的灵魂与最高追求，我们要让每一堂课都能立足于情感态度价值观，立足于素养育人，自觉把课堂历史教学上升到以养育学生人格为核心目标的历史教育，由重学走向重育。把“素养养育”作为核心目标融入历史教学中去，充分挖掘和发现历史学科独特的素养养育功能和素养养育内容，让学生在每堂课上都能受到正确价值观的导引，充分发挥历史学科的教化功能，让灵魂与素养跟上知识能力的步伐，同步到达理想的高度。当历史学科的目标与教学活动全部定位于素养养育这个高度时，价值引领和价值担当就成了喜马拉雅山上的珠穆朗玛峰，是皇冠上的明珠，素养养育也就成为中学历史教学的核心目标和主要追求。

总之，历史教育最主要和最不能忽视的使命是：既要关注学生的近期发展，也要关注学生的长远发展与终身发展。追求历史课程学业上的优秀绝不是历史教学的全部，要让学生在历史学习中学会做事、懂得做人，能够正确对待自己的生活与职业、社会与人生，正确理解亲情与友情、爱情与婚姻，正确面对成功与幸福、苦难与挫折等。要让学生逐步形成人性与理性、崇高与使命、自觉与觉他等精神境界与追求，理解生活的意义与生命的价值。构建以技能认知、情感态度、精神信仰和终极价值为基础逻辑和主要内容的历史教育价值的完整体系。把历史教育中的各种具有价值意义的史学内容，通过融通式的手段与追求，体现和渗透到历史教师的教学和学校的活动当中，只有这样的历史教育才是一种润物于无声的教育。史以载道，教育无痕，养育无声。

二、中学历史教育的新追求

无论是素养还是教养，它们都是一个内涵相同、说法不同的统一整体，是一个复合型与综合型相结合的概念。稳定的心理素质、良好的思维方式、正确的三观等都是素养或教养高低的内在特征，而和谐的人际交往则是其外显。历史知识是素养的基础，没有它，学科素养与能力就是无源之水、无本之木。历史课程中的科学素养主要体现为能力目标，它包含了相互影响、相互联系的历史方法、历史能力、历史态度、历史情感等，体现着个体能力的大小与强弱。而历史学科中的人文素养却对人类生存意义和价值关怀、追求人生和社会的美好境界、推崇人的感性和情感、丰富学生生活的多样化等，有着十分重要甚至不可缺少的教化意义。中学历史教育中的教化主要包含了意识与态度、情怀与精神、价值取向等，重在以人为核心，教人以真善美，它不属于能力层次，与能力大小也不成正比，强调追求高尚品格与人格修养，是一种基本的为人处世的“德行”“价值观”和“人生哲学”。

基于历史知识与历史学科能力的素养养育与教化主要体现在显性和隐性两个方面：一是外显为一个人的品格，如言行举止、品性礼节、教养涵养等；二是内隐为一个人的价值观，并对这种价值观有一个基本正确的认识与判断，如什么是有意义的或无意义的、什么是好的或坏的、什么是对的或错的、什么是有价值或无价值的、什么是值得追求或不值得追求的、什么是值得效仿或不值得效仿的、什么是值得坚守或不值得坚守的等等。从历史知识结构上来说，分为两个阶段，一是浮在表层的、直接的历史学科知识，具有显性、客观、逻辑、主线等特点，重在培养人的能力。二是潜在底层的、间接蕴含在历史知识背后的精神、价值观、生活意义等，具有隐性、主观、分散、暗线等特点，重在养育人的素养，培养人幸福地生活，突显人的意义。

中学历史教学中价值观养育的主要目的就是要培养学生正确的价值观，具体体现在一个人身上即信念、信仰与理想，以及做事做人的态度、准则与规范等。价值观养育的重点是价值引领和价值担当，价值引领强调导向性，价值担当追求正确性。无论是价值引领还是价值担当，我们首先要厘清什么样的价值观是值得历史教学去引领和导向的。恰恰在这一点上，余文森教授在《核心素养的教学意义及其培育》一文中提出了三个方面的价值观，这三个方面值得我们历史教师去坚守、引领、养育学生的“三观”：一是“人类基本价值，即为全人类所普遍认可和提倡的价值，如人道关怀、同情感恩、自由平等、公平正义、尊重自然、尊重生命等”；二是“中华民族优秀传统价值，它是中华民族历史发展过程中所积淀下来的积极的、健康的并被全民族共同认可的基本价值原则，如爱国、孝亲、仁爱、勤奋、礼让谦逊、恪守诚信等”；三是“现代社会价值，它是与当代社会经济发展相适应的价值观，如个体独立与自主、社会公正与平等、经济市场化等”。

因此，中学历史教师要充分挖掘历史学科中显性或隐性的价值观，可以通过创新传播形式或师生交往活动来达成这一目标。着力提高学生自己的价值观判断能力，以帮助他们在价值观多元、复杂的新形势下，能够做出正确、正面、理性、适合的价值判断，远离并放弃负面、盲从、头脑发热的错误价值选择。一如广东省特支计划教学名师毛经文工作室书写的对联那样：“历所能汲，养育有声；史以载道，教育无痕。”横批是“读史养心”。

三、当下中学历史教育的新要求

当前的教育已伴随着社会的进步与发展，从以能力为中心的教育体系走向以素养为中心的教育体系，历史教育教学从“精英教育”走向“大众化教育”。为全体学生服务，为全体学生成才、成长、成功、成人养育人性，已成为历史教育的新共识。不放弃任何一个学生、让所有学生的精神站立起来是历史教育教学的基本要求，也是历史教师的基本道德规范。

适当与适度的历史知识传授与能力培养才是最好的历史教育。学生对历史知识过量摄入如同吃得太饱一样，容易导致想象力和创造力下降，严重挤压未来发展与提升空间。成长期间，学生的主要任务是学习知识、培养能力，但这个主要目标不是学生成长的全部，要给他们留足自我反刍与成长的闲暇时间与活动空间，让他们更好地为自己将来的人生发展做充分准备。

四、中学历史教师存在的新价值

身处网络时代，传统学校中的授课方式，已不是传授知识的唯一途径，学生只要愿意学习，上网也可以学到历史知识。历史教师发挥作用的新空间，即把历史课上成“素养课”“人生指导课”“生命成长课”。未来中学历史教师可以在以下五个方面发挥自己的作用。

一是让学生亲其师，从而信其道。网络时代的历史教师，讲历史不能就史论史，不能只关注学生的历史成绩。受学生爱戴的历史教师会让学生感受到历史的无限魅力，对历史教师的情感也会从喜欢到认同，让学生认同的历史教师，他们的课堂一定是高效的，这是网络或人工智能无法做到的情感需求。

二是让学生直接感受和深度感受历史课堂上教师的智慧与处理教材的妙处。既有博观而约取的教学意识，也有格物致知的养育情怀；既有诚意正心的独善其心，也有治国平天下的宏图大愿。

三是历史教师可以在历史课堂上尽情展示自己的思想、情感、精神追求和人格魅力，让历史课通过历史教师的描述而充满正能量。历史教师不但可以传授知识，更能教给学生一种看历史的思维，一种质疑与思辨的精神，甚至是一种适应未来社会的智慧。这样的历史课堂，赋予了历史灵魂，是历史教师展现态度、精神、生命与价值观的课堂，是充满热情、憧憬、情感激荡与心灵互动的课堂，是精神丰裕和人格走向高尚的课堂。甚至师生因教学问题而产生的争辩与心灵碰撞，或因偶发事件而引出的历史教学火花等，都是一堂无法复制的精彩课堂与精神上的盛宴，都是网络或人工智能无法做到的。

四是一千个人眼中有一千个哈姆雷特，历史课堂也是如此。历史教师在一节历史课上体现什么样的家国情怀，表达什么样的情感态度价值观，取决于历史教师个人对历史教学内容的独特理解，或取决于历史教师个人对历史价值体系内容的精准把握程度，或取决于历史教师的生活经验、人生感悟、文化修养和精神境界，或取决于历史教师本人对教育规律和人的发展规律的尊重与深刻理解，或取决于历史教师对学生生活和社会生活的关注，从而把历史课堂变成与古人对话的场所。

五是师生共同的历史课堂，常常因重复而精彩，时常带来意外惊喜。对历史知识有独立见解与领悟、给历史知识赋予生命色彩与活力、善于结合教学内容与学生分享生活感悟和阐释生活意义、不断激发学生对生活的向往与自信、对未来社会和人生充满希望和光明等，这样的历史老师的课堂，不管重复多少次，都能赢得学生的尊敬与崇拜，“操千曲而后晓声，观千剑而后识器”。

网络中知识的不足才是历史教师存在的价值，历史教学目标的合理设定、历史教学内容的恰当选取、历史教学流程的合理编排、历史教学评价的选择与使用等，都必须建立在“一切为了学生”的基础上。课堂是全体学生的课堂，知识构建与技能训练、能力培养与个性形成、合作竞争与交流互动是所有学生的事，人人有份。同时，还要允许差异化和个性化成长与发展，要鼓励学生成为幸福的普通人。历史课堂教学最优化的效能是学生广泛参与和满足个性需求。而机器智能化历史教学是无法与学生进行互动式情感交流的，也无法从历史学科中挖掘其背后的情感态度价值观。新形势下，历史教师“首先要具有积极的生命情态，是心地善良、有情有爱、充满生命活力的人，对社会肩担道义，对工作爱岗敬业，对生活乐观向上，对困难愈挫愈勇，对他人团结合作，对自我勤奋进取。其次要具有强烈的育人情怀”。倘若历史教育的价值与功能是养育学生的成长，为学生成长提供养分的话，那么成功的历史教学、有意义的历史教育、高效的历史学习应该是紧紧围绕历史教学对学生成长起了多大的作用，对他们的成功、成才、成人具有多大的意义。高效的历史教学、有意义的历史教学不仅要传授历史知识，总结学习历史的技巧与方法，更要关注学生的生活与成长，让学生了解历史知识在改变人类生活中的作用，激发学生运用历史知识创造世界、改变世界的强烈欲望，并获得主动发展的不竭动力和热情，培养学生的社会责任感，提升学生的精神境界。有价值担当和价值引领的历史教学才是学生最需要的润物无声、养育无痕的教育。

参考文献：

［1］余文森.核心素养的教学意义及其培育［J］.今日教育，2016，3.

历史学科对培养家国情怀具有重要意义

——在东莞市中学历史教研会“家国情怀”研讨会上的发言

尊敬的夏辉辉老师、陈家运老师和各位青年才俊：

上午好！

时下，中学历史教学五大核心素养正在中华大地风行，广东省特支计划教学名师毛经文工作室就“基于‘家国情怀’运用历史细节的策略研究”这个课题，准备对中学历史第五个核心素养如何落地和深入到中学历史教学的实际工作中进行研究与探索，并准备申报省级课题。

根据国家课标组的论述，家国情怀主要有以下几个内涵与意义：一是学习和探究历史应具有的社会责任与人文追求，是价值关怀、人文情怀，在关注现实问题的基础上服务于国家强盛、民族自强和人类社会进步以及个人的终身发展与能力素养的提高，是最高层次的素养，其关键词是认识、宽容。二是有十大认同：认同中国，认同国情，认同统一、认同民族，认同优秀传统文化，认同中华文明，认同社会主义核心价值观，认同四项基本原则，认同他国的传统文化，认同世界发展的多样性，认同人与人、国与国、民族与民族的差异性等。树立道路自信、理论自信、制度自信和文化自信。三是培养学生具有积极进取的人生态度，塑造健全的人格，树立正确的世界观、人生观和价值观。四是进一步理解和诠释家国情怀，是指一个人对自己的国家持有高度的认同感、归属感、责任感和使命感，为实现国家富强、人民幸福所展现出来的持久的理想追求，是对自己国家和民族，乃至整个人类前途命运所表现出的深情大爱与国之情怀。

历史教育视域中的家国情怀是什么呢？除了上述徐蓝教授的论述外，基于实操层面，历史教育中的家国情怀之国主要是指国家历史，是国家意志与民族传承，具体说来即国家确定的课标和教材。历史教育中的家国情怀之家又是什么内容呢？我认为主要是指地方教材和校本教材，如省史、市史、县史、乡镇史、村组史、家族史。最值得我们关注的是家族史，最值得我们去抢救的是村组史。

下面，我就中学历史教育教学中的家国情怀说几点我个人的零思碎想，以求抛砖引玉。

众所周知，人类认识自然和改造自然的主体活动与主观活动一旦成为过去，就是历史了。而一旦成为历史就具有不可逆转性，形成了具有不可重来的客观性，而这种客观性主要体现在历史的真相上，因此，历史是客观的。但同时，历史又是主观的。这种主观性从两个方面表现出来：一是历史当事人在从事某件历史事件时，具有强烈的主观色彩；二是后人对历史事件的记录和研究同样具有一定的主观色彩。正是这种认识上的主观性和可认识性让历史具备了其他学科很难具备的独特的资政借鉴与素养养育的功能。

各位名师，通过历史学科对学生进行家国情怀的滋养与正确价值观的导引是一项艰巨的情怀工程，未来的路无比漫长，让我们以时不我待、只争朝夕的精神结伴前行吧！

遗忘也是对历史真相的伤害

——以新教材《中古时期的欧洲》一课为例

各位领导、各位专家、各位名师：

我是来自广东东莞高级中学一名普通的高中历史教师，也是一名即将退出高中历史教学舞台的准退休教师，十分感谢夏教授邀请我们团队参加本次盛会，让我们又一次获得学习的机会。根据本次会议的安排与要求，名教师工作室团队除两位学员上课展示外，导师还应对团队的展示课进行说课，阐明教学立意，探索核心素养达成的路径与方式方法。我的发言分为三部分：第一部分是务虚，即“起于心动：方向比努力奋斗重要”；第二部分是务实，即“成于行动：天下之难事因做而易”；第三部分是反思，即“思于推动：继续前行的几点建议”。

一、起于心动：方向比努力奋斗重要

教育思想决定教学理念，教学理念决定教学行为。中学历史教学无非就是追求“三性”，即知性、智性、慧性。知性重历史知识的学习，以真实为生命底线；智性重思维能力的培养，以真实可靠的历史知识为平台，培养与发展学生的关键能力；慧性重核心素养的养育，培养有正确三观的学生。知识的掌握可多可少，能力也尊重强弱大小，但素养的滋养却是人人都应该追求的终极目标。广东省特支计划教学名师毛经文工作室正是基于这样的教育思想与以下五大历史教学理念来诠释新教材《中古时期的欧洲》这一课的。

1. 被记录的历史是主观的历史知识

已经发生的历史是客观存在的，是不可改变的，人类可能永远无法到

达历史客观存在的终点，只能在前行的路上不断接近它，这恰恰也是历史的魅力所在。因此，历史的本身是客观的，而历史学却是主观的，被记录和记忆的历史都是史学意义上的历史知识，人类探求与研究出来的史学成果只能称作是历史知识。由于历史具有不可重来、不可复制、不可直接验证以及纷繁复杂等特点，再加上不同国家、不同民族、不同地域、不同文化、不同思想、不同时代等因素的影响，特别是研究者个人素质、能力、立场、角度、兴趣的差异，都会让历史学中的历史知识在很大程度上具有不可避免的主观色彩。因此，新教材中所呈现的历史同样是基于历史学的历史知识。

况且，所有的历史知识，对于历史的客体性而言都只是“盲人摸象”，都只是触及真实历史的局部或细枝末节。有的史学家摸到“大象”的“牙齿”，说“大象”就像一个又大、又粗、又光滑的“大萝卜”；有的史学家摸到“大象”的“耳朵”，说“大象”是一把“大蒲扇”；有的史学家摸到“大象”的“腿”，说“大象”是根“大柱子”；有的史学家摸到“大象”的“尾巴”，说“大象”是根“草绳”。诸位史学家争吵不休，都说自己摸到了“大象”真正的样子。当然，史学家们摸到的“牙齿”“耳朵”“腿”“尾巴”都是真实无误的，但那只是真实历史的一个局部，绝非历史真相的全部。人类对于历史的“摸象”行为还将永远进行下去，也会不断摸出历史之“象”的其他部位。中学历史教育应在有限的课堂上尽可能呈现“大象”的重要部位。

2. 历史教育才是我们的主业

历史学可以分为两大类，一类是历史研究，以追求与还原历史真相为终极目标，为社会资政和个体滋养提供真实可靠的备选养料；另一类是历史知识的传播，用真实可靠的历史知识资政和滋养个体，为他们做人做事、健康成长服务。中学历史教师不是大学历史专业的研究者，追寻与探求历史的真相不是我们的主要任务，我们所要做的就是在历史学知识的基础上，甄别和选取尽可能接近于历史真相的史学真实传授给学生。对史学真实的求真与用真过程，也是教师引导学生学习求真方法、训练求真思维、培养求真能力的核心素养滋养过程。我们工作室有一个普遍认同的“鸡蛋”理论：中学历史教师的主要任务是了解与诠释“鸡蛋”对于养育学生的成长有哪些好营养，关注“鸡蛋”的真假与滋养作用，然后把鸡蛋做成学生爱吃的花样与方式，或煮、或蒸、或炒、或煎都可以。至于这个鸡蛋是哪只母鸡生的，那是史学家们的事。即使是五大素养，也只是要求教师和学生像史学家一样研究和学习历史、培养能力、提高素养，并不是让他们都成为史学家。

3. 历史真实主要表现为历史知识的真实

历史可分为客观的历史、解释的历史、有教育价值和教育意义的历史等三个部分，前者是历史本身的真实，后两者是史学真实。被记录与保存的历史都是基于主观的历史学，是当事人和后人主观认为的历史，不是真正意义上的客观历史。历史的真实本体的确存在，但记载的历史与研究的历史都只是人类主观自己认为的真实，是史学真实，或称历史知识的真实。因此，中学历史新教材上所叙述的历史也是属于典型的被解释和赋予教育价值和教育意义的历史知识的真实。

换言之，历史真实具有无可争议的客观性，是历史本身的真实性表现，是人类研究历史的理想目标与追求。后人所要做的就是把追求历史本身的真实性作为人类的使命，皓首穷径，无限追求和接近历史本身的真实。对历史的“客观性保持信念”，“使自己的认识不断接近过去实况”，尽量减少“个人的修养、见识、处境、立场、价值观念乃至气质”对历史客观性的减损。当然，历史的客观性并不决定历史的不可知论。历史是可探究和可认识的，“历史学家通过对文献的考证和辨析，可以还原历史的真相”。我们今天看到的、听到的、学到的、用到的历史，已经是被解释的历史，或许不是历史本身的真实与真相。虽然没有史学家可以写出终极的历史，但这并不影响历史教学与教育的求真与传真。被记载和被解释的历史已不完全是历史本身的真实性，它“只是一种知识论意义上的真实，它指向的是历史知识在一定的史学框架内的可信度”。

4. 新教材是学生学习历史的学材与文本之一

历史教材中的历史知识不是历史教育的唯一文本，它只是立德树人与养育学生核心素养的文本材料之一，仅仅是中学历史教师进行历史教育教学活动的脚本和学生学习历史的学材文本。中学历史教育的主旨重在育人。因此，恰当选取一些生动有趣的历史知识，不仅可以弥补教材上历史知识的枯燥与生硬，还能引起学生的兴趣和探究的欲望，以趣激趣。让历史知识在课堂师生交流中打动人心与形成共鸣，如历史发展过程中的跌宕起伏、历史人物的鲜明性格与个性特征及多面人生、历史事件与历史人物的是非功过等，不断冲击着学生的思维和评价。

5. 五大核心素养均是历史解释

历史不售回程票，无法推倒重演，也无法从头再来，历史发展过程中的每一件大事都是现场直播。所有的史料，无论是实物史料还是文献史料，都是一种历史知识，不是历史曾经发生的本身。史料的生成，也是一种基于对历史客观的主观认知。因此，历史学不是严格意义上的科学，中学历史学科所要求的五大核心素养只是学习这门学科的主旨与要求，其中的史料实证，也只是为学生学习历史、滋养成长提供一个路径指引，即我们应该像科学家实证科学结论一样来研究、认识和学习历史，更多的是训练与培养学生学习科学思维和养育成长。

五大核心素养从本质上来说都是历史解释，核心素养从缘起、内容、本质与表现形式上来说都是隐性或显性的历史知识，只是呈现形式和侧重点有所不同。历史解释在中学历史教学中始终居于历史学科核心素养的关键节点与基础性位置，是构建和滋养学生历史学科核心素养这座高楼大厦的基础性建筑材料。基础之“垒土”越多，历史学科为学生成长所提供的“营养”就越丰富，滋养核心素养就越能在中学历史教与学过程中落地生根、开花结果。历史解释是富养学生素养的一方“沃土”。

鉴别和选取历史解释有两项要求和五条标准。

两项要求：一是不断提高教师对历史知识的解读水平。因为它决定了学生学习历史必备知识的范畴、能力培养的大小和核心素养的高低。从某种意义上来说，一个历史教师对历史知识的解释水平，影响了其上课的高度和深度，进而决定了他的教学效果。历史解释的选用是教师历史素养、鉴真水准、知识能力、人文精神、逻辑思辨等综合素质的集中体现。教师释读历史知识至少要有三遍：第一遍作为一个普通的角色进行泛释，用慢节奏的方式读、品、嚼、释，不能走马观花、囫囵吞枣，感性体验历史知识的审美感直觉，获取直观养育之营养。第二遍以一个学生的视角去学习历史，回到历史现场去感受和理解历史，用过去的历史滋养自己的现在。第三遍站在历史教育的专业角度全方位释读历史，并从中发现和提取滋养学生的价值与意义，把各种各样的历史知识尽量做成美味可口的“营养餐”供学生食用。历史教育的价值与意义就在于从历史知识中接受有滋养价值和意义的成分，读懂历史的意蕴和现代意义及现实价值，读懂史学文本的内在蕴涵，并内化成学生自己理解世界的方式。

二是找准历史知识的切入点，牵一发而动全身，提纲挈领，体现历史教学的针对性、创造性和智慧性。让学生走近特定的历史环境和历史人物，身临其境，感同身受。教师既不能泛释、浅释、散释历史，也不能窄释、偏释、错释历史。既要准确甄别、理解与解释历史的史学真实，也要正确释读隐藏于历史知识之中的思想情感，即情感、态度、价值观。既要基于养育价值的最优化释读历史知识，有创意地释读，形成自己的个性化释读；也不能在释读过程标新立异、故弄玄虚，误导学生，毕竟学习与感受历史的正能量是我们课堂的纪律与要求。

五条标准：一是研究得出的历史解释是否符合那个时代的社会、人性之基本准则、基本要求和基本规律，不是基于现代人的标准与想法，要有重现历史的现场感；二是考察证据是否可靠、充分；三是分析其论述过程是否严密、周全、科学；四是得出的结论是否合理、适宜；五是史学界是否基本公认，有无激烈争论。

当然，历史解释永远没有终点，即便是众多历史解释的聚合体也不可能成为历史解释的终结者，历史解释永远在前行的路上。随着史学研究成果的不断涌现，历史解释也在不断创新与发展中，教材上的历史解释随时有可能被新的历史解释论证与推翻。我们应关注和了解学术动态，学习和运用新的学术成果。把新的历史解释当作一种动态性、生成性的历史教育资源，多元探索，让历史课堂教学不断体现时代性与科学性，引导学生从多视角历史解释视域中进一步分析和理解历史，培养学生的创新能力、思维能力，让精神滋养更加丰裕。

二、成于行动：天下之难事因做而易

天下之难事必做于易，再伟大的教育理想，如果没有持续不断的执行力与坚守，那梦想也只是一场自我安慰的空想。中世纪欧洲的历史在传统教材的叙述中没有独立的一章、一节、一个知识子目，相关教学参考资料、考试试题也只零星出现。近代欧洲文明的诸多起源因素中，不仅有古希腊罗马文明，更多地来自中世纪欧洲。每一个时代都有其精彩和局限。中学历史课堂不能以点代面、以偏概全，应该全面审查和综合分析，得出公正、全面的历史知识。历史知识只有在尽可能接近历史真相的基础上，才能抒真情、育真人。“中古时期的欧洲”这段历史有两大问题要向学生讲清：一是中世纪欧洲不但有黑暗，也有光明； 二是为近代欧洲文明的形成与辉煌提供源头的不仅仅是古希腊罗马文明，还有中世纪欧洲文明。

广东省特支计划教学名师毛经文工作室的赵晓东老师和曹军辉老师承担了这一公开课。赵老师从微观的视角观察与剖析中世纪欧洲的封建庄园，撷微探幽，以小见大。曹老师从宏观的视角长时段观察与剖析中世纪欧洲是黑暗与光明并存。

赵老师通过呈现中世纪庄园制度的历史细节，重回历史现场，探究中世纪欧洲庄园中的黑暗与光明，使学生认识到人类文明的演进是一代又一代人用辛劳和智慧不断积累的结果。不是断裂，而是沿革；不是突变，而是渐变。

1. 黑中有亮，暗中有光

（1）中世纪的欧洲，确实有诸多黑暗与蒙昧的地方，但同时，黑暗中也有其自己的光亮，蒙昧无知中也有其自己的觉醒。他们在黑暗中也创造和累积了近代欧洲文明的诸多因素，如民主制度、法律制度、知识积累、大学创立、宗教信仰、城市扩张、草坪文化、建筑雕刻、图画艺术、行会商业、生活方式、思维方式等。因此，中世纪欧洲历史既有极端化的不堪回首，也有人们信仰领域拓展的美好时光。

（2）美国历史学家哈斯金斯认为，欧洲中世纪是一个充满活力、生机勃勃的时代，是城镇兴起的时代、西方最早的官僚国家形成的时代。12世纪罗马式建筑步入顶峰，哥特式建筑开始兴起，方言文学开始出现，拉丁古典著作、诗歌和罗马法走向复兴，吸收阿拉伯人成就的希腊科学和大量希腊哲学得到了恢复，并且诞生了第一批欧洲大学。中世纪欧洲在民族与国家、民主与法律制度、文化形态与宗教信仰、生活方式与思维方式等方面蕴含了近代欧洲文明许多方面的起源，被历史盛赞的文艺复兴不是一蹴而就或横空出世的，它的源头和历史积淀正是中世纪欧洲文明。

《世界文化史》一书也进一步指出：“教会是中世纪的文化中心，特别是一些修道院保存了不少珍贵的文献资料，对欧洲各地的文化发展起了积极的作用，为人类积累了宝贵的精神财富，对西方文明产生了深远影响。”如中世纪早期（500—1000年）古典文化和基督教文化、日耳曼文化相融合，促成了欧洲的诞生。中世纪中期（1000—1300年）经济起飞、城市兴起、政治文化教育发达。中世纪晚期（1300—1500年）经过教廷分裂、英法百年战争、瘟疫流行等，欧洲文化重新复兴、宗教革新、文艺复兴和科学革命依次出现，理性时代的近代欧洲呼之欲出。

（3）中世纪欧洲是“黑暗时代”的说法最早是意大利文学家彼得拉克在14世纪30年代提出来的，是文艺复兴时代才开始出现的概念，具体是指从西罗马帝国灭亡到彼得拉克以前的时代。这个概念在当时来说，不是对中世纪欧洲的历史是好还是不好的本质概述，它只是基于提出者不太了解的一种叙述。文艺复兴时代的人文学者觉得自己发现了罗马古典文化，获得了光明与新生文化。他们提出的“黑暗时代”，更多的是当时的人文学者基于自己对中世纪欧洲历史的不了解提出的一种说法，并不是指中世纪欧洲本身的发展历史一团黑暗。

2. 欧洲文明，其源有三

欧洲文明不是古希腊文明的“翻版”“延伸”或“移植”，是多种文明相互交融的结果，“是由几种文明混合在一起形成的一种新的文明”。“欧洲文明是在吸纳日耳曼和古典文明的基础上构建起来的文明。”研究中世纪欧洲史的侯建新教授认为，近代欧洲文明有以下三大来源。

（1）欧洲文明源自古希腊文明。中学历史教材对此有专门且详细的叙述。

（2）欧洲文明源自日耳曼文明。日耳曼人入主欧洲的过程，必然会带来某些观念、社会方式和生活习俗的影响。中世纪欧洲并不是庄园独霸天下，庄园也不是欧洲唯一的乡村组织形式。中世纪欧洲真正的中心是村社，这种日耳曼人入主欧洲前的村社制度被习惯性称为马尔克，是对日耳曼人原来生活方式的概括性称呼。在马尔克这个架构里，会定期召开村民大会，有敞田制和轮耕制，甚至还有公共放牧制度等。这些制度对中世纪的欧洲和后来的欧洲文明都产生了深远的影响。如中世纪欧洲的庄园法庭，每个出席法庭的人都有裁决的权利，后来改为法庭陪审团。同级裁决制度与陪审团制度，对近代欧洲文明的发展与完善都产生了重要影响。

（3）欧洲文明源自基督教文明。基督教文明在罗马帝国时诞生。最初，它不但不是罗马帝国的主流宗教，而且还深受打压、排挤与迫害，基督教有三百年教难的说法。基督教在罗马帝国晚期时成为主流宗教，不但对欧洲文明产生了重大影响，甚至对欧洲人的生活方式（如结婚、衣食住行等）、思维方式都产生了全方位的影响。欧洲文明也被后人称为基督教文明。

依据侯教授的分析，我们可以得出这样的结论：欧洲文明主要源自三个方面，古希腊文明主要影响了欧洲文明的政治理念与政治制度；日耳曼文明给欧洲文明注入了新的血液与活力；基督教文明深刻影响了欧洲文明中人的思维方式和社会架构。三大因素相互交融与影响，共同构成了欧洲文明的主要来源。二战后，欧洲为什么能在短时间内组成欧洲共同体？其历史渊源之一便是中世纪欧洲封建制度中庄园与村庄的影响。因为在中世纪欧洲的封建制中，村庄与庄园是对应与相互依存的。一般情况而言，一个村庄就是一个庄园。也有一个村庄有多个庄园或一个庄园有多个村庄的现象。以何种方式呈现，由当时当地的实际情况决定，如领主的势力、传统的习惯、村落的大小等。村庄普遍实行敞田制和轮耕制（敞田制是中世纪欧洲轮耕和强制公开放牧制，村社中每个人的份地面积是固定的，以条田为单位，位置不固定，春播地、秋播地和休耕地依次轮换，休耕地可变成公共牧场）。村民在敞田上劳作，面积是不变的，但所耕种的土地地点是不断变化的。如A块地是甲村民今年耕种的，他就拥有了这块地神圣不可侵犯的私有权利。下一季耕种另一块，也同样拥有另一块的私有权利，上一块的私有权利则丧失。这样一来，调配运筹与计算就蕴藏着复杂的管理工作，要求所有人都要有较强的公共意识与同体意识。村社就是一个共同体，有共同遵守的村法，具有极强的严肃性和强制性。中世纪欧洲法庭在判决一个案例后，往往会写上“以上是全体佃户和领主共同同意的”或“是经过了全体村民共同体同意的”，彰显了法庭的权威性和不可违抗性。长此以往，村民就带着这种千百年养成的共同体意识进入了城市、行会、商会和公司，乃至民族和国家。

（4）中世纪欧洲形成的封建制不但让欧洲人将国家统治起来，而且用一种新的组织形式，让欧洲社会在混乱无序中走向了有序稳定。不但调整了社会，而且凝聚了力量，决定欧洲存亡的普瓦提埃战役正是依赖于这种新的组织形式取胜的，成为近代欧洲文明的影响因素。具体表现在以下四个方面。

一是有了基本的权利与义务观念。在早期欧洲混战状态的背景下，人人自危，寻找保护与安全成为当时人们的一个重要选择，这种免于恐惧的寻找，往往都是从身边开始的。寻找本地区最有实力而且可以保护自己的人，相信他并投靠他。人们自觉、自愿并自发组织，以契约为基础的领主与附庸的关系便产生了。领主进行有一定限度的统领，附庸也履行有一定限度的效忠。领主保障和维护附庸安全，附庸为领主征战、服军役、陪领主出席法庭。初步形成了具有相互制约作用的双向权利与义务，构成一定的契约性，并且被记载和习惯化。

二是产生了具有法理基础的“抵抗权”。由于领主与附庸的关系具有一定的契约性，双方都有一定程度的选择权。如果附庸违背了契约，领主可以抛弃附庸。如果领主违背了约定，附庸同样可以不承认领主。“忠诚”与“撤回忠诚”在人们观念和习惯里都是理所当然的，弱者反抗强者的权利被合法化，“抵抗权”成为后来资产阶级革命合法性与正义性的重要影响因素。当然，这种“抵抗权”不等同于一般的暴力革命。面对后来欧洲形成的王权统治时代，附庸们也不是简单的武力讨伐，而是想方设法将曾经的约定付诸实践，要求国王遵守并做出承诺。英国的大宪章，乃至后来的光荣革命和议会制度都是这种“抵抗权”的保留与发展。当限制与承诺走向契约化、书面化、明确化、规范化、制度化、经常化时，“抵抗权”就成为近代欧洲法治的基础。如英国的大宪章，反对者们不但将其书写在羊皮纸卷上，同时组成了一个25人委员会，监督约翰国王执行约定，之后国王征税都必须经过25人委员会同意，税种与税额多少都必须经过协商同意才能进行，这就是后来议会制度的雏形。

三是强化了“私有财产神圣不可侵犯”的理念。虽然欧洲封建制中的领主与附庸关系是一种人身的依附关系、经济的盘剥关系。但这种关系具有一定的规定性、稳定性并逐渐上升到了法律层面，一旦确定下来，就很难改变，且具有倍加效应。领主授封土地给附庸，受封者对其土地是“占有”或“保有”，双方均不得随意侵犯。领主授封出去的采邑，实际上已属贵族所有，领主不能随意征税征租。领主的一切开支与消费，只能是来自自己的直辖领地。领主无权随意进入贵族领地，不能拿走除了自己领地之外的任何一块领地上的收益。英国俗语“风能进，雨能进，国王不能进”即是基于这种理念。

四是具备了比较普遍的契约观念与精神。法国查理·马特的改革，是一次让欧洲走出黑暗时代的改革，同时又是一场契约精神的树立与普及。日耳曼人传统的马尔克制度注入了本次改革，让日耳曼有了新的生机与生命力，基本确定了正常情况下人与人之间的社会关系。如英国国王约翰在与法国人作战时要增加经费，于是他与贵族们协商借贷或增税。由于协商借贷或增税的数目超过了原先约定的限度，引起了贵族的抵抗。贵族们抵抗的是国王不遵守协议，极力维护的就是契约精神。

三、思于推动：继续前行的几点建议

对高中历史新教材的研究与探索暂告一个段落了，但两天的展示活动仅仅只是一个开题，更艰巨的探索任务还在后面。我们唯一能做的，就是“思于推动，继续前行”。为此，我说几点建议，与各位名师共勉！

第一，当我们把新教材中的历史知识当作养育学生的主要营养时，对必备历史知识进行适当补充与延伸，就显得十分必要。丰富多彩的历史知识既可填补新教材历史知识之不足，又可从不同视角佐证历史知识，在真实与完整的历史教育中深思警醒、昭史鉴今、知古育人，充分发挥历史知识感染、鼓舞、教育滋养学生的作用。

第二，历史史料浩如烟海，中学历史课堂只能截取其中的一小部分进行诠释，并赋予其解释的意义。唯有如此，历史学的教育价值才能起到历史学科“立德树人”的目的。没有历史教师对史料史实与历史知识的选择、编排和阐释，是很难完成或充分透析出高中历史知识的滋养功能的。当然，不是所有的历史知识都能进入我们的中学历史课堂，只有经过历史老师的遴选并赋予其教育意义和教育价值后，才能成为可供学生学习并借鉴与教育的文本。历史教学核心主题的确定、历史材料的收集、历史原因的解说、历史发展过程的解构、来龙去脉的梳理、价值与意义的阐述与建构等，实际上都是历史知识。因此，我们教师要善于从众多历史事实中选取蕴含丰富教育意义和价值引领作用的历史知识，让核心素养的落地有一个宽阔而丰厚的滋养“垒土”，让历史知识成为富养学生素养的一方沃土。

第三，中学历史教师鉴选与运用基于史学真实的历史知识过程，实际上就是师生与历史知识连续不断的互动过程，也是师生对已经形成的历史知识进行又一次解释的过程。通过解构或重构历史不同史料史实之间的联系，阐释其变迁及原因，在课堂中构筑科学合理的因果逻辑关系，形成养育他们自己的历史知识与历史认知。

第四，中学历史课堂教学除用足、用尽、用活新教材中的历史知识外，还应该提供更多、更丰富的历史知识来助力学生成长，让他们从历史学科中吸收更多、更丰富的优质“营养”，滋养其核心素养。新教材中关于中世纪欧洲的历史知识虽然是培养学生核心素养的主要营养，但也只是众多历史知识中的一种，是史学真实中的一个侧面，是育人的“基本口粮”，主要解决培养学生家国情怀与立德树人的“温饱问题”。高中历史教育要富养学生，就有必要拓展新教材中主干知识的内容与高度。历史知识越全面丰富，视角越多元，培养学生关键能力和必备品格的营养就越丰富，滋养学生发展就越全面。

第五，新教材中的历史知识是教师和学生进行教学活动的材料，是高中历史教与学的主要依据，是为学生成长服务的一种课程资源，是完成高中历史教育教学任务的基本要求与最低标准。中学历史教师应在恪守底线的基础上不拘泥于教材中的历史知识，结合学生的实际情况与成长需要，对历史知识进行合理的调整和取舍，或者重新整合，积极地、能动地、灵活地使用各种历史知识，为培养学生核心素养服务。

第六，既然教材上的历史知识被定位为学生学材的“文本”之一，那么如何解读和运用这个文本就成了中学历史教育教学的重中之重。我们在使用教材时，要长时段观察历史，注意宏观把握历史知识体系，不能只见“树木”，不见“森林”。不仅在微观上要知道每一棵“树”的结构和特点，以及与别的“树”之间的关系，更重要的是要在宏观上见到整个“森林”，明了整个“森林”纵横交错的关系。

我的发言完毕，谢谢大家！

第二辑

勃勃教研向阳生

——让历史教学充满诗情画意

剪锦成屏：在逻辑梳理中确定主题选择方法

——关于洋务运动教学设计中史料运用的思考

随着新课程改革的推进，中学历史教学中的“教学设计”与“史料教学”两个话题日益受到重视。教学设计，一般是指教师为实现一定的教学目标，对教学活动进行的系统规划。从教学设计角度考虑，“教学”首先应该是一种有目的、有计划的认知行为。一堂历史课，教师循着“要去哪里”“如何去”“到了吗”的思路对全课进行规划和设计，以提高课堂教学的效率，成为当下中学历史教学研究的重点。但是，如何进行教学设计，更具体一些来说，如何确定合适的教学目标，如何选择有效的教学资源以达成目标？这是当前中学历史教师的困惑所在。

“历史是一门既包括描述也包括解释的学科。”随着人们对这一认识的深入，运用史料解释历史、还原历史现场、理解历史成为新课程改革以来中学历史课堂教学改革的亮点之一，也是实现三维目标的必由之路。例如，要达成“过程与方法”目标，教师必须通过精心选择史料（材料）、设计典型情景与问题，像前人探索历史知识那样展开课堂教学，使学生对已学的知识与技能形成认知意义，获得“知道是什么”“认识为什么”的过程与方法性知识。但是，史料之浩繁与复杂使得中学历史教师一筹莫展，如何更好地区分、鉴别、运用史料，并实现教学目标，也成为中学历史教学的难点。

正是为了回应以上问题，2010年5月，广东省东莞市中学历史教学研究会组织了一次中学历史教学设计比赛，由组织者统一选择了与洋务运动有关的五则材料，要求参赛者运用这五则材料，针对自己的学生对洋务运动进行教学设计。这一教学设计比赛的特色鲜明，既规定了教学设计所用的材料，也规定了教学的主题，还在一定程度上规定了教学目标。这种尝试看似束缚了教师的思想，实则通过对教学素材、教学内容、教学目标的限定，彰显教师的设计智慧，可以反映出教师的史学功底、材料解读能力、材料组织与运用策略等。

《洋务运动》教学设计比赛提供的五则材料

【材料一】

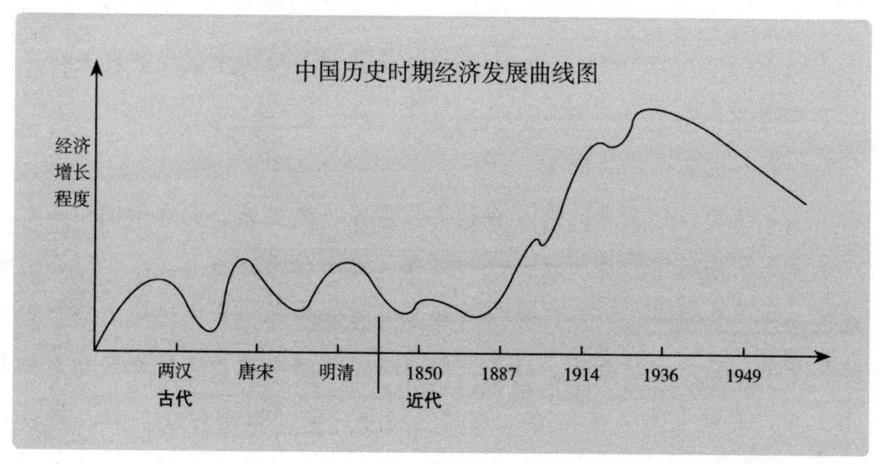

——冯杨《低关税与近代中国经济发展研究》

【材料二】晚清大事年表

时间	事件
1840—1842年	鸦片战争
1851—1864年	太平天国运动
1856—1860年	第二次鸦片战争
1861—1894年	洋务运动
1894—1895年	甲午战争
1898年	戊戌变法
1911年—1912年	辛亥革命

【材料三】

晚清财政收入结构表（单位：万两）

年代	农业税收入		工商杂税收入		其他收入		总收入	
	数额	比重（%）	数额	比重（%）	数额	比重（%）	数额	比重（%）
1849	3281	77	969	23			4250	100
1885	3071	40	3923	51	714	9	7708	100
1911	4810	16	20441	69	4445	15	29696	100

——冯杨《低关税与近代中国经济发展研究》

【材料四】

民族资本主义企业的状况

国人之经营丝厂业者，则自黄佐卿（宗宪）先生始。黄君于1882年首建丝厂于沪上北苏州河沿岸，丝车仅一百部，定名称为公和永。怡和与公平洋行接踵而行，各建一厂，每厂亦仅有丝车一百零四部，各项机械均购自意法等国。是年，三厂建筑告竣。越年，同时开工。斯时运用缫丝机械尚无相当人才，三厂乃延意人麦登斯为工程师，指导厂务。惟是时女工都无充分训练，工作不良，丝质随劣；且所有出品须运往外国市场，向绸商兜售，输运须时，周转为难。自光绪八年至十三年，营业失败，三厂资本耗损殆尽。

——徐新吾主编《中国近代缫丝工业史》

【材料五】

香港蕞尔一岛耳，固中国海滨之弃地也。丛莽恶石，盗所薮，兽所窟，和议既成，乃割畀英，始辟草莱，招徕民庶，数年间遂成市落。设官置吏，百事共举，彬彬然称治焉。遭值中国多故，避居者视为世外桃源。商出其市，贾安其境，财力之盛，几甲粤东。呜呼！地之盛衰何常，在人为之耳。故观其地之兴，即知其政治之善，因其政治之善，即想见其地官吏之贤。

——王韬《弢园文录外编·送政务司丹拿返国序》

（注：政务司为港督隶属下行政机构；丹拿为人名）

这次形式新颖、具有挑战性的教学设计比赛得到了全市广大历史教师的积极响应，全市共收到初、高中教学设计稿74份，其中高中40份、初中34

份。优秀的教学设计从不同的角度透视这五则材料，并能够准确地把握那一段历史。材料并没有束缚教师的手脚，教学设计呈现出“春风裁剪锦成屏”的景象。下面，本文拟结合比赛作品的具体情况，谈谈教学设计中如何围绕主题运用史料。

一、深海淘宝，巧取明珠：从材料中提取教学设计的主题

历史不是对过去的临摹或简单再现，而是对其生命力的品味与鉴赏。因此，史料的精心选择和运用是一门学问、一种策略、一项艺术，更是一种能力。在本教学设计中，可以看到“牵一发而动全身”的设计思路：“一发”就是这五则有关洋务运动的材料，“全身”就是对洋务运动的全面理解。要让学生通过阅读和理解这五则材料全面引出这一历史事件的前因后果，正确认识和评价洋务运动。“发”已备好，关键看设计者如何去“牵”。“牵”就是组织材料的策略与过程，要“牵”得有高度、有水平，“牵”出学生兴趣，“牵”出高效课堂，而绝不是“蛮牵”或“硬牵”。参赛的大多数教学设计“牵”“发”得当、精彩不断，但也有一部分教学设计对“发”用得不够，有的甚至是对“发”视而不见、废而不用，不能根据自己的教学实际和学生的实际情况进行加工、转化、调整或组合这五则材料，也没能把这五则材料的内在历史逻辑关系很清晰、精准地表达出来。

1. 要“牵”出材料的逻辑关系，为确定材料的主题打下良好的基础

要处理好这五则材料本身的逻辑关系。材料二“晚清大事年表”中有三大节点：鸦片战争、太平天国运动、第二次鸦片战争，这三大节点说明了洋务运动的背景；洋务运动到甲午战争，这两个节点暗含着洋务运动的历程和主要内容；戊戌变法、辛亥革命，这两个节点昭示着洋务运动对中国近代历史发展的深层影响。材料一“中国历史时期经济发展曲线图”、材料三“晚清财政收入结构表”、材料四“民族资本主义企业的状况”、材料五“早期维新派王韬的作品节选”四则材料都是在引导我们如何全面认识和评价洋务运动。材料一说明洋务运动对中国历史几千年来单一经济结构的变动和影响，促使传统的自然经济向近代工商业经济转型；材料三说明以农业税为主体的税收结构已经逐渐过渡到近代以工商税为主体的税收结构，洋务运动对于推动中国经济结构向近代的转变发挥了巨大的作用；材料四说明在洋务运

动的引导下，中国民族资本主义企业产生、新阶级和新力量的产生是新的生产方式在中国扩展的结果，同时也暗示着洋务运动经济运行环境的恶劣；材料五提醒我们要辨证分析洋务运动的历史作用和成败得失。

我们如何在教学设计中从宏观上把握这五则材料与历史课程标准的关系？要处理好这五则材料与课程标准的逻辑关系。有的老师分析得很好："如果以'中国近代工业的艰难起步——洋务运动'为课题的话，新课标有两处与本课题要求相关，一是必修二：'简述鸦片战争后中国经济结构的变动和近代民族工业兴起的史实，认识近代中国资本主义产生的历史背景。'二是必修三：'了解鸦片战争后中国人学习西方、寻求变革的思想历程，理解维新思想在近代中国社会发展过程中所起的作用。'很显然，课标的这两处都没有明确要求把握洋务运动，但岳麓版教材有关近代中国经济结构的变化和影响民族工业发展的因素无不与洋务运动相关，并且分散在必修一、二、三之中。因此，本设计准备从现代化史观入手，按照比赛要求对相关的内容进行整合，以便学生形成完整且清晰的印象。"

处理好以上两个逻辑关系，实际上就是要求设计者在读懂材料的基础上进行宏观的思维，确立材料在解释、说明、评价洋务运动中的作用与地位。在处理好以上两个逻辑关系后，设计者应该可以比较准确地确立本课的主题，而不会出现时间错乱、史实颠倒、错用材料、逻辑混乱的现象。

2. 结合学情准确地确定教学设计的主题

特级教师李惠军老师提出："一堂课一定要有一堂课的灵魂。"所有教学活动的设计或教学资源的选取都是以主题为中心而展开的，教学设计系统的各个基本构成要素都是围绕它而联结起来的。如果一堂教学设计主题不突出，缺乏灵魂统率，这样的教学设计实施起来也只是一团知识的乱麻，毫无头绪。本次教学设计比赛，少部分作品还不能从众多历史材料中准确无误地选出主题。怎样才能从上述五则材料中选取和确定一个最为恰当的主题呢？

除了前文所说的要精研材料、厘清材料的逻辑关系外，还要根据自己任教的校情、班情和学情来选取其中的一个或多个主题：既可以源于课程内容，也可以高于课程内容，还可以结合学生的最近发展区和教师本人的教学经验进行再开发的主题。例如，在教学设计的作品中有以下主题设计：

主题1：通过材料了解洋务运动的背景、经过、内容，理解洋务运动在中国近代化过程中的作用。

主题2：通过对材料的解析与问题探究，认识洋务运动的背景与影响、地位与困境，认识近代化的艰难历程。

主题3：依据材料对洋务运动相关知识进行整合和建构，理解洋务运动时代的经济环境及其对近代中国社会经济结构变动和晚清社会经济发展的巨大推动作用。

主题4：分析洋务运动的历史背景、主要内容、成败得失及甲午战争后中国近代化的深入发展，体会洋务派走出传统、接受新事物、为国家富强而做出的努力，艰难开启中国近代化的第一步。

教学设计最大的难度在于适度性和适应性，即教学目标是否合适。所以，教师制订教学目标既要完成课程标准的要求，更要根据学生的学情来确定。以上列举的四个主题，教学设计者可以根据不同学校、不同班级或不同学生的学习特征选择其中一个或对其进行综合。比如，生源一般的学校和班级，设计者可以重点考虑“主题1”和“主题2”，因为这两个主题侧重于单点、单线条的历史逻辑联系，学习基础一般的学生易于掌握；生源素质比较好的学校和班级可重点选择“主题3”和“主题4”，因为这两个主题侧重于多点、多线条的历史逻辑联系，要求学生有较强的历史思维能力，能调用较多的信息对同一问题进行多层次的思考。

二、众藤缠树，布局谋篇：围绕“主题”选择教学策略

教学设计是一个完整的系统，从实施的过程来看，主要表现为三个时间段：课前的教学设计、课中的再次设计（即兴发挥与教学机智）、课后的反思修正。设计这三个时间段的教学策略要紧紧围绕主题来进行，无论是教学内容、学习者特征、教学目标、教学重难点的分析，还是教学过程设计、教学组织形式（如班级授课式、小组合作式、个别辅导式等）、教学方法（如自学法、讲授法、发现法等）、教学媒体、评价体系等教学策略的选择与运用，都必须从属和服务于主题。

教学策略的选择与运用，其实就是驱动主题前行的“风火轮”。这种动力源要求我们注意两个方面的因素：一是驱动过程要具有层次性、科学性和

逻辑性，先易后难，从小到大，由简到繁，要能预期到学生的变化和教学成果。二是驱动的方法要具有针对性。建立在以学生发展为基础的优秀教学设计，只能是在特定的时间里让特定的学生得到最有效的发展——就是这个原因直接决定了教师对教学主题的策略选择要以特定的时间和教学内容以及特定的学生为依据，要适合本校本班学生需要，要基于本校本班学生的心理特征、学习特征、思维特征来定义教学策略的选择与运用。因此，驱动主题的教学策略的选择与运用要做到大而不空、细而不繁、疏而不漏、全而不虚、俏而不花、合而有序。

例如，本次一等奖获得者袁晓勇老师的作品就比较注意教学策略的选择与运用。首先，他根据自己所在学校的学生素质、思维活跃的实际情况，确定了《洋务运动》一课教学设计的主题，并以确定的主题为核心选择与运用了恰当的教学策略：

这节课的教学内容预先已经确定，受所给备课材料的制约，恐不能自如演绎洋务运动的方方面面。仔细揣摩五则材料的主旨和内在逻辑关系，我感觉其侧重点在于展示洋务运动对中国社会经济结构的影响。

本设计拟分三个部分和两个层次来解读洋务运动对于近代中国社会经济结构的变动所发挥的巨大推动作用。

第一部分是“风雨如晦，寒气破晓”。主要说明洋务运动在一定程度上整合了鸦片战争后随着自然经济的解体而出现的新的经济因素。

第二部分是“徐图自强，渐生希望”。主要说明洋务运动在经济层面上的成就及意义。不过，最终的归结点还是在中国经济结构的变动上，意在说明洋务运动不仅对于近代中国经济的加速发展起到了巨大的推动作用，也促进了中国向近代社会的转变。主要通过所提供的数据材料，理性分析洋务运动带来的经济意义。

第三部分是“荣辱由战，功绩在远”。主要说明甲午中日战争的失利并不意味着洋务运动的失败，反而促使洋务运动更加深化和发展。

三、虚拟预案，应急诊治：围绕主题完善教学

一个完整的教学设计不仅包括教学任务、教学目标、策略制定和过程设计等普通环节，同时还包括对教学设计进行“风险评估”这一特殊环节。由

于比赛没有提出这项要求，所有的教学设计都没有进行这方面的设计，不能不说是一种遗憾。基于对教学设计的高层次要求，我们觉得还是不能让“虚拟预案，应急诊治”的准备工作缺位。因为它更能体现一位教师在一堂课中的教学机智。因此，我们还是建议教师在进行教学设计时要考虑这一点，要设计“风险评估”和准备一些教学机智的“预案”，要事先对学生可能在课堂上迸发出来的“思想火花”或“思维火花”进行一些预见。如果我们在教学设计中没有预见到学生提出的问题，也应积极应对。课堂上能解决的，尽量在课堂上解决；课堂上不能解决的，也要在课后想办法解决。即使是学生提出另类的问题，也要在课后指出他们错在哪里，有哪些不妥，要在充分肯定的基础上保护学生思维的积极性和可贵性。

聂教授曾经说过，学生提的问题可能以幼稚或矛盾的形式出现，但这是迸发自学生内心的，可能是最具群体感染力的“火花”，是一种可遇不可求的教学机遇。抓住这样的火花并解决它，就能使学生的思维和课堂教学效果都上一个台阶。教学设计是死的，学生是活的，每堂课学生都可能提出意想不到的问题，要提前备好应对之策，灵活地选取好的教学方法。即使是学习效果不佳的学生，也有可能在课堂上提出很有分量、亮点的问题，如果历史教师能及时抓住这种教学机遇，迅速上升为进一步提高课堂教学效率的切入点，成为转变学生的起步点或最佳契机。

当然，完成对教学设计的预估与评价这一工作最好是在设计任务完成之后、正式实施前。因为通过这一“虚拟预案，应急诊治”，可以帮助教学设计者在实施过程中更好地应对未来各种突如其来的教学事件，更有把握进行教学设计实施过程中的再度创作与创新。

四、开启智慧，润泽生命：一切主题都必须基于学生、为了学生

一切教学活动都是为开启智慧、润泽生命、点化生命服务的，正因为这样，教学设计必须基于教学背景，教学背景中最重要的就是学情，即学生在学习本堂课的知识前已有的知识技能怎样、学生本章节主要需要准备哪些学习方式或学习方法、学习本章节需要准备什么样的情感态度与价值观。本次教学设计比赛之所以没有与往常一样实行匿名评选，作者的单位、姓名全部

公开化，其目的就是便于评委在评选时，观察设计者在进行教学设计时，能不能从本校或本班的教学实际和学生学情实际出发，做出具有浓郁“地方”特色的教学设计、策略选择；是不是适合自己所教学生的实际需要，这也是我们做好教学设计的两个基点。

本次比赛二等奖获得者李四华老师在“学习者特征分析”一目中就比较合理地分析了自己的教学实际及学情：

高二学生在高一已经学过本课的基础知识，对洋务运动的时间、内容、结果等基本知识有了一定的认识。但经过一年时间后，学生的基础知识存在很多遗忘。而且高一还没分文理科，学生学习方向不明确，对很多历史问题缺乏深度思考，他们对知识的掌握还没有形成体系，没有达到一定的广度；对历史现象的认识也没有上升到一定的高度，如对于洋务运动与中国近代民族工业的关系、中国民族工业艰难起步的原因、洋务运动对中国近代化的影响等深层知识还不理解。

本学期高二文科班开始进入高考前的第一轮复习，基于高中生的心理特征和认知特点，干巴巴的讲述是提不起学生的兴趣的，复习课更忌炒冷饭。在本课教学过程中，本设计试图通过全新的情境、幽默的语言、简练的表格和文字等材料，激发学生的学习兴趣，使学生有兴趣学、轻松快乐地学，提高学生学习的主动性、积极性，引导学生主动阅读相关资料，积极参与合作学习，学会多方位、多角度地思考问题。

其实，了解学情远不是一句简单的话，它不但是一种理念，更是每次教学设计都要落实的实际行动。我们必须掌握本校、本年级、本班所教学生的学情，随时随地把自己的学生学习历史的特征和情况烂熟于心中，要像农民一样——对自己的一亩三分地精耕细作。也只有把我们的一切教学活动建立在此情此景此学生的基础上时，历史学科教育才能达到“高产”的目标。

五、结语

本次创新性的教学设计比赛可以说是圆满结束了，但留给我们的思考才刚刚开始。我们始终认为：一份优秀的教学设计是学生、教师、文本三要素的和谐运行与协调发展，是一种以和衷共济、内和外顺、协调发展为核心的教学模式的正确选择，是为课堂预设的各种教育教学要素的全面、自由、协调、整体优化的育人氛围，是师生共同发展的整体效应。不仅如此，它还能最终达成“相互适应、相互理解、相互发展、互惠共赢”的理想境界。

教学设计按质量的高低可简单分为三个层次：第一个层次是以教师为中心的教学设计，这种低层级的教学设计还是一种教程式的设计，它更多的是关注教师的“教”，而忽视了学生的“学”，即传统的传授知识过程。本次比赛，处在这一层次的教学设计比较多。第二个层次是以学生为中心的教学设计，这一层次的教学设计比较重视和突出学生的主体和核心地位，教师的“教”和文本知识已不是主要的视角，学生的认知和能力培养过程及人文养育过程成为教学设计的中轴。第三个层次是最理想的模式，也是历史教师永远追求的目标和理想——明确教学设计的中心主题，并以此为教学设计的灵魂，在立足于学生主体作用和教师的客体作用相互发挥的基础上，让“教”为“学”服务，不断用恰当的途径和方式来展现师生之间的精妙交流与互动，充分发挥这种交互作用，产生一加一大于二的效果。正是因为这样的教学设计是基于师生共同围绕教学主题而展开的交互作用，因而它的空间可以收放自如，既能发生在有限的课堂内，也可以向无限的网络空间和心理空间延伸，可以把师生整个生活的三维空间改造成为一个学习的空间，使学生时时都处于学习活动过程之中，让学校的课时变成师生进行教学问题集中讨论、协商与对话的一个时间节点，绝非“教”与“学”时间的全部。

如果说本次教学设计比赛只有个别教学设计涉及三者的交互作用或整体功能发挥的话，着眼于未来，我们更应该高兴地看到，这些不足就是本次活动留给我们茁壮成长的空间。

参考文献：

[1] 何成刚，等.历史教学设计.[M].上海：华东师大出版社，2009.

[2] 中华人民共和国教育部. 普通高中历史课程标准（实验）[M]. 北京：人民教育出版社，2003.

[3] 任鹏杰. 服务人生：历史教育的终极取向——从根本上追问什么是有效的历史教学 [J]. 中学历史教学参考，2007（3）.

[4] 傅元根. 普通高中历史新课程教学设计的新探索——人教版普通

高中新课程《历史》必修 I 教学问题探讨［J］. 历史教学，2005（5）：50–52.

［5］于友西，叶小兵，赵亚夫. 历史学科教育学［M］. 北京：首都师范大学出版社，2000.

［6］白月桥. 历史教学问题探讨［M］. 北京：教育科学出版社，1997.

管小可窥天　蠡微可量海

——基于教学关键问题运用历史细节的策略探索

历史教育的终极目的是铸造未来民众的基本素养，为学生的成长服务，养育学生人格，培养他们具备未来社会所需要的素养。历史知识只有在帮助学生追求真善美时，才是最重要的。历史学科这种独特的素养养育更多的是蕴含在被教材忽视的历史细节之中。因此，在高中历史教学中，我们把历史细节的援引和运用的策略探索作为解决高中历史教学研究的关键问题的方案之一，目的在于补教材之遗缺。适当补充一些学生成长需要的营养，重点解决学生“吃什么”的问题，保障学生在“吃什么”的问题上少走弯路，有效提高高中历史课堂教学的效率。

一、出发有缘由：基于教学现实的需要

历史细节是历史的细枝末节，是历史大厦的每粒沙石、每一块砖、每一片瓦，是某一历史事件的组成颗粒和外显行为，具体表现为多样性和复杂性，形成于特定的历史阶段情境中，具有独立的史学价值和教育意义。充分挖掘、捕捉与领悟这些典型生动的历史细节，将其转化为滋润学生心灵的无声细雨，是高中历史教学现实的需要。典型而关键的细节能在趣味盎然中打通现实，在发人深省中润泽生命，让课堂上的历史有声有色、有血有肉。

第一，后现代主义史观、社会史观、微观史学等新史学范式已成为史学研究的新热点，为高中有效课堂提供了大量好用的历史细节。

第二，历史细节已大量进入高考试题中，成为高考命题寻求新突破的最佳视点，并为高考命题提供了丰富的材料来源和新的视角。命题者往往会找

一个让人意想不到又在情理之中的角度，这个角度就是通过无数个历史细节来见证宏观的历史，见微知著，让考生从命题者选定的历史细节中分析宏观历史的趋势和历史规律。

二、路上有精彩：选用历史细节的策略研究

基于教学关键问题运用历史细节的策略研究主要体现在历史细节的“选”和“用”上。

1. “选”历史细节的策略成果

（1）真实性。求真是我们在课堂使用历史细节的“生命底线”，让每个历史细节因真实而崇高。每一个历史细节都要尽量源自“名门正派”，具有无可争议的真实性。所谓“名门正派”，是指历史细节要出自可靠的资料，特别是第一手的原始材料，如考证过的权威学术资料、名人传记、回忆录、最新的学术成果等。运用历史细节要以事实为依据，立足于证据，尊重和维护历史细节的真实性。对于一些严重缺乏历史真实性或真实性还处在争论中的历史细节，中学历史课堂千万不能因为猎奇而随意引用。

（2）趣味性。历史内容的趣味性主要体现在历史发展过程中各种各样的细节中。恰当运用一些历史细节于课堂教学中，不仅可以弥补高中历史教材的枯燥与生硬，还可以提高课堂教学效率。历史细节被引入课堂教学之中，主要是源于这些历史细节的趣味性能引起学生的兴趣和探究的欲望，要让历史细节在教师、学生和有效课堂之间打动人心、形成共鸣、沟通与交流。

（3）启发性。课题研究所选用的历史细节一定要对学生学习与成长具有一定程度上的意义与启发作用：一是有助于教师树立正确的学生观，承认学生是教学活动的主体，让学生成为学习活动的主人；二是能够调动学生的学习积极性和主动性；三是能创设问题情境，引导学生质疑问题和学会思考；四是有利于学生发表自己的独立见解；五是有利于创设民主和谐的教学气氛，建立平等的师生关系和生生关系，充分实现民主教学。

2. “用”历史细节的策略成果

（1）适主：历史细节的选取必须为一堂课的教学关键问题服务。

“适主”原意是指军队的主帅或正帅。借用在此处，就是提倡历史细

节的选取和运用必须围绕、从属、服务于一堂课的关键问题，要为某一堂课的历史教学目的服务。如果历史细节不能围绕主题，缺乏关键问题统率，只为渲染课堂气氛随心而用、率性而为，这样的运用对解决历史课教学中的重难点毫无益处。因此，围绕教学关键问题的细节筛选异常重要，要把那些紧紧围绕教学目的和教学重点的典型细节在教学的最佳时机抛出来。如赵晓东老师讲“近代中国社会经济结构发展变化”这一内容，就是一堂非常成功的让历史细节“助主”的好课。这一教学内容主要有三个特点：一是时间跨度大，从19世纪40年代一直到19世纪末、20世纪初；二是概念多、头绪杂，涉及小农经济解体、外资企业、洋务运动、民族工业等方面的内容；三是内容较枯燥，概念深奥、繁杂，学生很难接受。要解决这些问题，就需要从历史细节入手，通过郑观应的履历来反映近代中国经济结构变动的大历史，把近代经济结构变动这一学生感觉陌生、枯燥的历史事件通过历史细节的承载使它亲切化、生动化，避免了一味地概念解析，较好地实现了人物经历与课本知识的结合，让“郑观应”紧紧围绕本课的关键问题发挥了服务作用。

（2）适时：历史细节运用时机要像知时节的好雨，当春乃发生。

精彩和典型的历史细节要用在恰当的时候才会产生事半功倍的效果，就像“好雨知时节，当春乃发生”一样，好的东西只有用在恰当之处才会精彩无限。恰到好处是历史细节运用的不二法门，在一堂精彩的历史课中，历史细节一般用在六处地方，即导言处、转折处、疑难处、启发处、矛盾处、空白处。只有这样，才能发挥出它的最佳效果，才会使历史事件的高潮更加激动人心，才会使历史人物更加丰满和栩栩如生，否则就会过犹不及。如曹军辉老师的《圣雄甘地》一课，就在导言处、疑难处、启发处恰到好处地运用了历史细节。由于甘地的思维和精神高度超出学生的认知程度，曹老师在课堂上巧妙借助爱因斯坦对甘地的评价这一历史细节活化了历史人物，演绎了“以问诱趣”的精彩作用，创新地激起了学生的兴趣与思考，没有走模式化、标牌化的老路。整堂课将甘地的一生和他的非暴力不合作内容巧妙地纳入一个极富历史逻辑的思辨体系中，不但用历史细节和现状语言架起了一座沟通历史的桥梁，把一个看似与自己完全没有关联的历史对象变成了一个可以与之交流的古今对话情境。并能通过这种历史与现代语言的对接，正确认识历史过程和历史人物，拓展历史思维，汲取历史智慧。而且还能让学生深入历史，与历史人物共喜悲、同爱恨，让遥远的历史知识变得鲜活生动，富有生命张力和时代感。

（3）适度：历史细节是课堂的调味料，但过犹不及。

任何一个历史事件或一个历史人物都是与众多的历史细节紧紧联系在一起的，而一堂历史课只有40分钟或45分钟，有限的课堂时间不可能呈现所有的历史细节。历史细节怎么用、用多少？都是历史教师要特别注意的。一是历史细节使用的量不能太大，适量围绕课堂教学关键问题的历史细节可以激发学生的兴趣，活跃课堂气氛；二是历史细节使用不能喧宾夺主，不能冲淡教学主题；三是历史细节的使用要适合学生的思维习惯和思维能力，不能超越他们的理解范围和能力范围，一切都要从学情出发。如课题组的一位青年教师在上《辛亥革命》一课时，将大量的时间用在讲述“袁世凯称帝”的历史细节上。结果历史细节还没有讲完，下课铃声就响了，教学任务没有得到很好的落实与完成。而且用历史细节挖掘辛亥革命的历史意义和局限性也没有完全成功，袁世凯妄想做皇帝，说明辛亥革命还没有清除掉封建专制思想，民主共和的观念还有待进一步深入，但袁世凯在准备称帝过程中的表现，既说明了辛亥革命的伟大历史意义，也反映出了辛亥革命的局限性。

三、探索有收获：课堂与师生齐辉

我们把历史细节的援引与运用策略作为解决中学历史教学关键问题的方案之一，主要是基于历史细节补充了教材过于干枯的历史信息，克服了教材上结论性太多的不足，实现了史实或史观难达及未达之意。鲜活的历史细节不但让历史课堂教学中的历史丰富而有韵味，不断催生和点燃学生的激情与智慧，让历史成为他们的精神密友、生命知己、灵魂导师，而且是一种历史教学艺术和教学智慧。不但能舒展心灵的翅膀、仰望思想的星空、搭建智慧的阶梯、品味别样的精彩，而且是师生共同成长、共同释放个性、共同展现活力、交融共生灵感与智慧的强大基础。

1. 让课堂活色生香

（1）历史细节点拨课堂的教学重点。及时恰当地运用历史细节，使学生看得真切、悟得通透、听得有味、学得有趣，进一步加深学生对历史重点知识的掌握、理解和运用。具体做法有三个方面：一是充分利用历史细节创设现场，导引学生感受历史；二是发掘现实中蕴含的历史细节，推动学生亲近历史；三是整合众多历史细节为关键问题服务，帮助学生融入历史。

（2）历史细节阐释课堂的教学难点。历史细节是一种活的属性，运用在历史教学的难点中，可以化繁为简、化难为易、化抽象为形象、化枯燥乏味为生动快乐。如解决对抽象问题，历史细节可以使问题具体化、形象化，把具体感知与抽象感知相结合，减少学生理解抽象问题的困难。

（3）历史细节探究课堂的教学疑点。“疑”在高中历史课堂中大多表露在历史细节中，历史细节既能释疑，也能激疑。历史教师可以巧妙地设“障”立“疑”，创设思维空间，使学生产生新奇感和求知欲，积极主动地探索历史知识，解决心中的疑点。

2. 让师生共同发展

学生进步明显。以东莞市某中学2015届初三8个班为样本，我们进行了两次表格调查，调查的主要项目是课题研究前后学生对历史的兴趣程度和学业成绩的变化情况。2013年9月第一次调查时，421名学生对历史感兴趣的仅占47. 8%。2015年4月调查时，这个比例已上升到66. 3%，增加了约19个百分点，提高幅度虽然不是很大，但可以说明历史细节的援引与运用对提高学生学习历史的兴趣是有帮助的。

教师专业发展趋势喜人。一批优秀青年教师脱颖而出，参加研究与探索的教师以课题研究为成长平台，人人努力、积极肯干，且各显特色，经常在省市优秀课、教学设计、教学论文、教学课件、公开课、示范课等竞赛活动中获奖，他们正在以自己的努力与勤奋向着名师方向大踏步前进。2014年5月，东莞市首届教学能手（文科类）结果揭晓，课题组成员中有13人被评为东莞市首届教学能手。在历史教学三大专业刊物发表12篇课题论文，其中两篇被人大复印资料中心全文复印。课题组成员应邀外出讲学上课，接待省内外参观学习与交流的也屡见不鲜。

参考文献：

［1］毛经文. 用历史细节打造活色生香的课堂之《春风不度玉门关——现实课堂遭遇“二律背反”》［J］. 中学历史教学参考，2013（6）.

［2］毛经文. 用历史细节打造活色生香的课堂之《映日荷花别样红——运用历史细节的价值诉求》［J］. 中学历史教学参考，2013（7）.

［3］毛经文. 用历史细节打造活色生香的课堂之《时节好雨春发生——运用历史细节的原则与要求》［J］. 中学历史教学参考，2013（8）.

［4］毛经文. 映日荷花别样红——运用历史细节的价值诉求［J］. 中学历史、地理教与学，2013（10）.

内圣外王　赓续相承

——基于新教材厘清先秦儒学的内在发展理路

内圣外王、赓续相承是先秦儒家思想发展的内在理路，内圣即回答如何做人、做一个什么样的人，是儒学八目中的格物、致知、正心、诚意、修身。外王即回答如何做事、如何有功于社会，是儒学八目中的齐家、治国、平天下。基于儒学这一鲜活的文化精神内核，充分挖掘和勘探其滋养价值与教育意义，为滋养学生成长培土增肥，提供更多的有机养料。

一、孔子主张德位契合、圣王一体，确定了内圣外王的基本内容、价值目标与道德体系

孔子是儒学的创始人，他虽然没有明确提出内圣外王的说法，但他却是内圣外王思想的开创者，基本确定了内圣外王的内容、价值目标与道德体系。他承继与赓续尧、舜、禹三代，尊周从周，认为内圣外王是一种至高的理想人格。君子应该重内圣，当下没有圣人，圣人在历史中。主张德者高位，德位契合，圣王一体，有德有高位的才能做圣人。他还进一步主张人的价值体系从低到高分为三个层级：君子、仁人、圣人。做不了圣人，就做仁人，做不了仁人，就做一个君子。并通过编辑、整理、述介、解释古籍，述而不作，信而好古，为后世立章法、树楷模、明目标，确定了内圣外王的基本内容。

1. 君子重在修身

孔子认为，内外与知行合一，达德、智、仁、勇，积极造福社会，可称君子。他常以君子自居，说自己是有道德但无高位，所以不敢自称仁人或圣

人。杨伯峻先生有过统计，《论语》中从两个方面共107处谈论君子问题。一是有道德的人，如“人不知而不愠，不亦君子乎”；二是在高位的人，如“君子之德风”。孔子对于内圣的要求高于外王，先修圣人之体，后为王者用。修身达成内圣是前提和基础，修身让自己明德，遵礼求仁，去一己之私欲，把内心固有的宁静德行彰显出来。他特别希望君子治家、治国、治天下，用人伦道德改善政治生态，以道德化的追求实现自己外王的政治理想。

如何把自己修炼成君子？孔子推荐学、悟、自省三种逻辑路径。一是学。孔子说：“吾非生而知之者，好古，敏而求之者也。”信而好古，读古籍圣人之言，如《诗经》《周南》《召南》，以书明理，以书理事。不但要读古籍，还要端正学习态度，经常学习、快乐学习，如“学而时习之，不亦乐乎”“知之者不如好之者，好之者不如乐之者”等。二是悟。孔子主张从读书中悟出真谛，悟出仁义礼智信，追寻真理与人生哲理，如“温故而知新”“学而不思则罔，思而不学则殆”“吾十有五而志于学，三十而立，四十而不惑，五十而知天命，六十而耳顺，七十而从心所欲，不逾矩”。三是自省。孔子认为，为君子要时刻要求自己，反省、反思自己。《论语·里仁》说：“见贤思齐焉，见不贤而内自省也。”《论语·学而》说：“吾日三省吾身：为人谋而不忠乎？与朋友交而不信乎？传不习乎？”孔子虽然失望于他那个时代，认为没有仁人，更没有圣人。

2. 仁人重在齐家治国

知行统一负盛名，造福社会功利民。在孔子看来，由亲亲而后仁民，而后爱物，对他人和社会有巨大贡献的君子，可称仁人或贤人。仁人在孔子的思想体系中有三大关键点：

一是仁人的价值原点是仁。仁的内涵与主体结构主要表现在孝、悌、忠、恕、信、敏、爱、毅、讷等方面。孝悌是仁的基础，忠恕是达到仁的基本要求。己欲立而立人，己欲达而达人，是谓忠；己所不欲，勿施于人，是谓恕；君子必讷于言而敏于行，是谓敏讷。有正确的义利观，君子喻于义，小人喻于利。君子爱财，取之有道。同时，孔子也从反面提出了不仁的现实标准，如“巧言令色，鲜矣仁”“巧言乱德”“道听而途说，德之弃也”。

二是如何实现仁。孔子认为，“克己复礼为仁”“修己以安百姓”“修己以安人”“非礼勿视，非礼勿听，非礼勿言，非礼勿动”等皆为仁。

三是谁是仁人的范本。理想很伟大，现实很残酷。孔子认为，当下既没有仁人，更没有圣人，历史中才有：殷有三仁：微子去之，箕子为之奴，比干谏而死；伯夷、叔齐是古之贤人，求仁得仁；泰伯三让天下，至德至仁。孔子虽然不屑于管仲器小、不俭、不知礼、弃旧主、奉新主等行为，但他不以兵车九合诸侯，民受其赐，且仁匡天下，依旧可称仁人。孔门弟子三千，各有所长，文行忠信者、优秀卓越者、出类拔萃者亦有不少，可在孔子看来，无一人可被称为仁人。被后世称为颜圣的颜回，是孔子最得意的门生，孔子也没有称其为仁人，只是表扬他“其心，三月不违仁”。由此可知，在诸国林立、战乱频繁、伦常失序的动荡时代，孔子孜孜于仁，开出了一剂“爱、忠、恕”的救世药方。孔子有大德、大才，也有大抱负和大理想，热衷于外出求官，主要是为了身处高位而广施仁人之德，实现自己的政治主张与理想追求。他兴办私学，教授弟子也多是鼓励他们打通士与仕的通道，希望弟子从政，间接实现自己的政治理想。

3. 圣人重在平天下

孔子认为，能够做到仁德仁政、一以贯之、博施济众、功安天下、名垂青史、彪炳万代者，可以称为圣人，如尧、舜、禹、周文王等。“如有王者，必世而后仁。”周文王拥有足够的实力称霸天下，却依然能克制贪欲，以天下苍生为主旨，“修己以安百姓”“博施于民而能济众”。

二、孟子主张圣王分离，德位脱钩，人人皆可为圣，强调内圣的独立价值与意义

孟子生活在一个大动荡、大混乱、大变革、大转轨的时代，他迫切期待圣人出现，希望彻底根除天下祸害及乱源。孟子主张“圣人，人伦之至也”“仁且智”“仁者无敌于天下”“修其身而平天下”，在强调“智”的基础上，他与孔子一样重内圣，主张通过修身养性、修己达人来达到圣人的标准。孟子剥离了内圣与外王的高度关联性，德位脱钩，圣王分离，认为人人皆可为圣。具体表现在三个方面：

1. 孟子等人把孔子对内圣外王的解释进一步拓展，主张圣王分离、德位脱钩。他一方面弘扬外王之道，另一方面又强调内圣的独立价值与意义。外

王不一定是高位为王，圣王不必一体。成仁成圣不以成就外王事功为唯一条件，德高位低者，亦可称圣，从人生的个人目标上肯定了个体生命的道德尊严与独立价值，循道正行、修养心性。求君子之乐者亦可称圣，君子之学以美其身。“可以仕则仕，可以止则止，可以久则久，可以速则速。”孟子主张“人皆可以为尧舜”，普通百姓在日常伦理中，可以施行尧舜之道，也可以超凡入圣。规范习礼、修身成圣，是任何人都可以做的一件事情。如他提倡：“君子有三乐，而王天下不与存焉。父母俱存，兄弟无故，一乐也；仰不愧于天，俯不怍于人，二乐也；得天下英才而教育之，三乐也。”孟子也提出了“涂之人可以为禹，则然；涂之人能为禹，未必然也”的观点。

2. 孟子提出“惟仁者宜在高位”，希望统治者存养扩充，多行仁政王道，因为天下治乱皆系于仁君圣王。

3. 对未来充满信心，预言五百年必有王者兴。在孟子看来，孔子恰逢于五百年出圣人的节点上，是一位德如舜禹的圣人，理应当上天子，处在高位，成就圣王事业，但无人举荐，求官无成，只成为布衣圣人。这不是孔子自身的原因，是时代抛弃了他。孟子本人也自信可以成为德厚位高的圣王，天命自当，勇于担当平治天下之大任，志尚仁义，弘扬仁义。“夫天未欲平治天下也；如欲平治天下，当今之世，舍我其谁也？”

孟子提出圣王分离，是基于一个礼崩乐坏的时代，是由失望的现实政治环境促成的。游说诸侯、宣扬尧舜之道、倡导仁政王道等，孟子在孔子主张因圣而王的基础上主张亦可因王而圣。

三、荀子主张外王重于内圣、知礼统一，强调于内为圣、于外为王、上启君心、下救苍生的重要性

荀子强调圣王一体、王重于圣，且王就在当下。于内圣修己而言，荀子主张修身、治气、养心；于外王事功而言，荀子重外王，主张礼治王道。相比孔孟而言，荀子所主张的内圣更主观些、外王更客观些。他还认为圣人应该是内圣外王的高度统一体，不可分割。在圣人理想人格的基础上，更加重视外在社会事功。既追求个体内圣的自觉与修为，更强调社会外王的他觉与达人；既强调人人皆可为圣，更向往政治制度中礼法并用的圣王，认为知礼统一是成圣的理论支点和现实基础。

1. 荀子基于把“圣人”变“圣王”的目的，主张理想人格标准是知礼统一、圣王结合、王重于圣。知是圣的方法，是先决条件；礼是圣的原则和规则，是催熟剂，“礼者，所以正身也……情安礼，知若师，则是圣人也”。圣是手段，是内在的道德修养；王是目的，是外在的人际关系与社会事功。“圣也者，尽伦者也；王也者，尽制者也；两尽者，足以为天下极矣。”

2. 荀子认为圣人能够存在于现实生活中，“故圣人也者，人之所积也”。圣人既不是自然的造化之物，也不是虚幻的精神寄托。因为只有圣人才能够做统一与和平、治天下的王者，是集美德、道义、智慧于一身的“备道全美者”的圣人。“天下者，至重也，非至强莫之能任；至大也，非至辨莫之能分；至众也，非至明莫之能和。此三至者，非圣人莫之能尽。故非圣人莫之能王。圣人备道全美者也，是县天下之权称也。”

3. 荀子主张成圣的方式和路径在于求知学礼，且循序渐进与锲而不舍。如此，则可由士成圣。他大力提倡礼法之制，“今使涂之人伏术为学……则通于神明、参于天地矣”“学恶乎始？恶乎终学至乎没而后止也”。他把孔子针对个体人伦的仁义孝悌发展到基于整个社会的礼法纲纪，“礼者，人道之极也”。本恶之人性，需要礼法去除。他还认为，由于人之“知礼”不同，造成人格也有从低到高的四个层次：役夫之知、小人之知、君子之知、圣人之知。君子与圣人之知者，就要善于处理自身与他人、社会特别是君王的关系。在礼的约束下，于己为圣，于外为王，在礼治王道的规范中上启君心、下救苍生。

先秦儒学的内圣外王，经过孔子的整理与塑化和子贡、孟子、荀子等硕儒的赓续相承，确定了《大学》的基本架构。其内在逻辑理路有三个向度：

一是内圣。它是外王的基础与根基，追求“穷则独善其身”，内省不疚，俯仰无悔，上对得起天，下对得起地，中对得起至亲人伦。主要表现为：①修己以敬，自觉内化，为己问学，通达大道；②穷理致知，反之于内，文行忠信，识心悟性；③精思博识，为学解蔽，为人去私，达之于外。

二是外王。它是内圣的发展与外延，追求“达则兼济天下”，重社会理想，上启君心，下救苍生。如孔子的安人济民、孟子的仁政王道、荀子的礼治王道等，都是外王的事功作为。主要表现为：①有体有用，经世致用，务本重用，明体达用；②开物成务，康济群生，得君行道，觉民行道；③为天地立心，为生民立命，为往圣继绝学，为万世开太平，先天下之忧而忧，后天下之乐而乐。

三是三纲（明德、亲民、至善）。它是先内圣而后外王的实践路径。内圣为体，外王为用；君子务本，本立道生。内修道德性命，外表经世济民。在个体与群体、个人与社会、特殊与普遍等人与社会关系中，构筑了一条不断延续其生命张力的现实通道，是先秦硕儒们针对乱世之动荡开出的疗伤药方。既有对天地人的通透认知，也有修己达人的修身养性；既有社会人伦的和合准则，也有对政治民生的热切关注；既有立足现实的省察反思，也有对未来社会的洞察展望。既是一种个人修身的人生学问，亦是一种善待他人的生活伦理；既是一种人文教养的精英传统，亦是一种治国安人的政治学说。如果进一步把先秦儒家的“内圣外王”思想与同一时代古希腊哲学主张相比较的话，我们不难发现，希腊重知识性真理，儒家重人文性道义；希腊向外寻天命天理，儒家向内求修己达人。

参考文献：

［1］陈晓芬译注. 论语·学而［M］. 北京：中华书局，2016.
［2］陈晓芬译注. 论语·颜渊［M］. 北京：中华书局，2016.
［3］陈晓芬译注. 论语·述而［M］. 北京：中华书局，2016.
［5］陈晓芬译注. 论语·雍也［M］. 北京：中华书局，2016.
［6］陈晓芬译注. 论语·为政［M］. 北京：中华书局，2016.
［9］陈渔，郑义. 孟子·离娄上［M］. 长春：吉林人民出版社，2007.
［10］陈晓芬译注. 论语·卫灵公［M］. 北京：中华书局，2016.
［11］陈晓芬译注. 论语·阳货［M］. 北京：中华书局，2016.
［12］陈晓芬译注. 论语·八佾［M］. 北京：中华书局，2016.
［13］陈晓芬译注. 论语·子路［M］. 北京：中华书局，2016.
［14］陈晓芬译注. 论语·宪问［M］. 北京：中华书局，2016.
［15］杨伯峻. 孟子译注［M］. 北京：中华书局，1960.
［16］陈渔，郑义. 孟子·梁惠王上［M］. 长春：吉林人民出版社，2007.
［17］陈渔，郑义. 孟子·尽心下［M］. 长春：吉林人民出版社，2007.
［18］陈渔，郑义. 孟子·尽心上［M］. 长春：吉林人民出版社，2007.

[19] 孙安邦，马银华译注. 荀子·性恶 [M]. 太原：山西古籍出版社，2003.

[20] 陈渔，郑义. 孟子·公孙丑下 [M]. 长春：吉林人民出版社，2007.

[21] 孙安邦，马银华译注. 荀子·修身 [M]. 太原：山西古籍出版社，2003.

[22] 孙安邦，马银华译注. 荀子·儒效 [M]. 太原：山西古籍出版社，2003.

[23] 孙安邦，马银华译注. 荀子·正论 [M]. 太原：山西古籍出版社，2003.

[24] 孙安邦，马银华译注. 荀子·劝学 [M]. 太原：山西古籍出版社，2003.

[25] 孙安邦，马银华译注. 荀子·礼论 [M]. 太原：山西古籍出版社，2003.

[26] 林存光，杨美佳. 先秦儒家的内圣外王观 [J]. 衡水学院学报，2015（3）：30—33.

第三辑

肯将荣瘁校群雄

——省名教师工作室成果回眸

种麻扶蓬草　勃勃向阳生

——广东省毛经文名教师工作室三年（2018—2020年）工作回眸

名教师工作室的终极目的，是借工作室这个平台，让一批志同道合的历史教育精英结伴走在集约化成长的道路上，把他们培养成名师。名教师工作室因何而"名"？我们想，名教师工作室之"名"一定不能没有这五个方面的因素：因"室"而名、因"业"而名、因"师"而名、因"徒"而名、因"研"而名。古语云："蓬生麻中，不扶而直。"近三年来，广东省毛经文名教师工作室遍种"黄麻"，不断营造"蓬草"生长的良好环境。

一、精心栽植有形"麻"

2017年下半年，广东省特支计划教学名师、东莞高级中学历史特级教师、正高级教师毛经文被评为新一轮（2018—2020）广东省名教师工作室主持人。2018年4月，工作室主持人毛经文依据广东省教育厅相关文件精神，完成了工作室的组建工作。经个人申请、学校推荐、省市严格筛选，赵晓东、曹军辉、杨山坡、付昭权、李小萍、胡波、王子健、丁家文、陈娓斯、张芳芳、袁毓敏等11位东莞市高中历史教学的青年才俊成为工作室的实研学员，东莞教育帮扶地区广东韶关市选送了黄国林、曹宗保两位学员，其中，赵晓东、杨山坡为广东省毛经文名教师工作室助手，此外还有来自全国17个省市自治区的网络学员118位。广东省毛经文名教师工作室这块有形的"麻地"应时而生。

2018年度是“麻地”的开局与起步之年，在省市多位领导和学校领导的直接指导下，工作室共花费六万多元，完成了五十多平方米的办公场地建设，如数招齐工作室学员，配齐工作室所需要的办公用品、教学设备及图书资料，制定了相应的管理制度和工作方案，如《广东省毛经文名教师工作室工作方案》《广东省毛经文名教师工作室管理制度》，设计了广东省毛经文名教师工作室徽标。工作室硬件建设达到了“精致”标准，既突出了整体性与丰富内涵，又彰显了厚重底蕴的历史学科气息，既整洁和谐，又突出了滋养价值和教育意义，初步具备了浓郁的书院韵味，凸显了工作室的文化气息。基本做到了工作室的每一面墙壁的张贴、每一处设施设备、每一件小摆设，甚至每一丝流动的空气，都散发着积极向上和浓郁的历史教育教研氛围。

二、遍地播种无形“麻”

名教师工作室是一个由一定区域内的名师引领的教师专业发展共同体，是优秀教师共同学习、互勉共助、集体成长的平台。名教师工作室不但要成就名师个人的发展，更要走向群体的共同发展，既是现任名师的展示台，也是后任名师的孵化器。因此，名教师工作室不但要精种“有形麻”，更要遍种“无形麻”，修一条让学员健康、快速成长的“高速公路”，为他们成长成材提供良好的氛围与环境，不断引领和助扶“蓬草”勃勃向阳生长，让无形之“麻”成为他们实现名师理想的梦工厂。

1. 顶层设计强导航

在这个结伴而行的共同体中，毛经文名教师工作室紧紧围绕“引领”做文章，以“教师专业发展”为核心概念，以“学习”“研究”“发展”为关键词。根据工作室学员均有着较高发展起点的实际情况，工作室将培养学员的着力点放在“拓宽、挖深、拔高”上，引领学员向更高层次发展、走在精英化发展的道路上。工作室培养名师的顶层设计是这样的：先成明师，后求名师。

（1）先成明师。明师是学员成为名师的基础。工作室要求他们先要追求明师，即明德、明业、明术。明德即高尚情操、德高为范，有师德之光明；明业即学识渊博、学问高深，有学识之精明；明术即教学艺术胜人一筹，有点石成金之高明。学员一定要先成为明志之师、明白之师、明理之师、明智之师、明慧之师。

（2）后求名师。名师的产生是多种因素共生共融的结果，学员们只有在先完成明师的历练后，才有厚实的基础去追求名师。名教师工作室通过“敬业”“反思”“学习”“研究”“实践”“引领”“和谐”“创新”等一系列活动，推动学员从“明师”走向“名师”，提倡学员守住追求名师的人生理想与卓越的教育信念，历练非凡的教学能力，修炼理性的和缓性格，争取“五士”（有德之士、有谋之士、有识之士、有能之士、有才之士）的外部支持，心无旁骛，一心向着名师目标前进，争取早日实现自己的理想。

2. 大小相宜树目标

一山飞峙，多峰并出。工作室与学员个人都制定了远期目标、中期目标、近期目标，这些目标大小结合、远近相宜。既有目标结构的多元化，也有目标实施途径的差异化。

工作室为学员制定的长远目标是：在习近平新时代中国特色社会主义思想的指导下，以工作室为载体，通过高雅健康的内容、生动愉悦的方式、春风化雨般的方法、潜移默化的影响，不断提高学员的师德水平和专业水平，“潜心以史育人，成就莞派名师（最终走向粤派名师）”。

工作室为学员制定的中期、近期目标是：

（1）精神追求：在无私奉献、团结合作、勇于创新的基础上坚守与追求史学之安顿心灵、抚育精神、提升情怀之核心素养。营造宽松、和谐、积极、向上的研究氛围，构建积极的思维模式、健康的行为模式、高效的工作模式、友善的交往模式。具有敢为人先的创新勇气、敬业乐教的责任意识、与时俱进的学习态度、海纳百川的宽宏气量、勇往直前的竞争意识和诚实守信的合作精神。

（2）专业追求：有扎实的专业知识，有宽广的学科视域，有丰厚的文化底蕴。在内容上要求学员完成“三个一”，即积极参与一个微信公众号的运营、争取发表一篇有分量的论文、成为一项课题研究的核心成员。同时要求学员成为学生的精神密友、生命知己，在优秀的基础上追求卓越。

（3）事业追求：为同伴的专业成长领航，为学生的幸福人生奠基。知新致远，敬畏历史，养育生命，尽快成为“三师”，即立足经师（教知识点是为经师）、成为明师（拓思维度是为明师）、追求人师（启价值观是为人师）。初步形成自己的教学特色或教学风格，在学科素养的以史育人中起到示范作用，力争成为全市、全省乃至全国有一定影响力的学科带头人或粤派名师。

3. 落实四制运行

学员培养是毛经文名教师工作室运行的立足点，也是工作室的核心任务。工作室以三年为一个培养周期，按照由浅入深、由表及里、逐步推进的步骤与方法，在刚性规范、柔性服务、活性激励的基础上采取了四制并行的做法。即从表层的环境建设与浅层的行为规范，走向中层的规章制度构建，最后达到深层的价值观认同。

（1）导师领衔制。名教师工作室不但要多种“麻”，更需要主持人身体力行多助扶，“蓬草”才能在“麻”中勃勃生长。工作室主持人毛经文老师具有先进的教育思想理念、精湛的教学工作能力、专家型的教育研究眼光，对团队有较强的引领作用。其示范作用主要体现在四个方面：一是做工作室学科素养理念的解读者，在培训与服务学员方面下功夫；二是做工作室历史学科教学的研究者，在责任与创新方面持续攻关；三是做工作室学科素养课堂的推动者，在热情与参与方面始终如一；四是做学科素养课堂的引领者，不断在合作与指导方面下功夫。

具体表现为，一是工作室主持人要有先进的教育教学思想、独到的教育教学方法、突出的教学业绩、丰硕的教科研成果，将根深深扎在自己的课堂上，甘于寂寞，坐得住冷板凳，争取成为学生、同事、家长心目中的良师，要用自己的教育思想和教育实践推动教育的发展。有个性而不任性，既能够坚守本心又能够和而不同。以自己的热情激活学生的热情，以自己的生命力去激活学生的生命力。淡泊名利，乐于奉献自己的教学智慧；胸襟开阔，善于凝聚团队的精气神；性格开朗，乐于引领学生走向成功与幸福。善于发现、包容、感化、激发、提点与鼓励学生，带着爱心与激情从事历史教育事业。

二是工作室主持人要不断学习和教研。名师应该是工于教学的能手、精于教育的善手、勤于创作的好手、长于科研的高手。教是研的前提与基础，研是教的总结与提高，写是教和研的概括与升华。教学、科研、写作各擅其美，美美与共，相辅相成。具备坚实的教育学、心理学和现代教育理论知识，具备出色的教学艺术和丰富的教学经验。教学中，能巧妙地把教育学、心理学的理论运用于教学实践。吃透教材，视课堂为舞台，把话语权还给学生，针对学生实际，因材施教。尤其注重教学规律的探索、教学方法的改革以及学生能力的培养、智力的开发和学法的指导，总结出一整套行之有效的教学方法，形成自己的教学风格。在理论与实践的结合中建立起自己的教育信念和教育哲学，在创造性的教书育人实践中内化为名师特有的人格魅力，在各种现实挑战、压力和诱惑面前岿然不动，在信念坚定、思想引领、教学创新、社会担当等方面先于他人。是秉承创新中的独立思辨，是坚持不懈中的兼容并包，是甘于寂寞后的水到渠成。在埋头读书中找寻乐趣，在埋头学习中收获乐趣，在埋头思考中养成浩然正气，在埋头研究中养成高雅之气，在埋头提升中养成书卷之气。不断在研究中工作，在工作中研究，含英挺秀于历史教育这块田野之上。

三是工作室主持人应主张高中历史教育的终极目的是铸造未来国民的核心素养，让精神站立起来。工作室主持人应认为，高中历史学科有着比知识传授、能力培养更重大的使命——价值引领。知识产生力量，价值观决定方向。毛经文曾主持或主要参与的省市级课题六项，均获得了省市大奖。2012年，他主持了省市级课题《基于高效课堂应用历史细节的策略研究》，在见微知著、重建现场、呈现进程、层层探秘、钩沉思想、彰显多维和点拨重点、阐释难点、探究疑点、品味亮点中不断让学生感受历史的酸甜苦辣与成败兴衰，用历史细节奠基，让课堂活色生香，该课题获得东莞市第十三届基础教育成果一等奖。目前，他带领工作室全体学员正在探索与研究《基于项目构建“双题”教学模式的实践研究》已取得了不俗的阶段性成果。同时，他还在历史课堂中敏锐捕捉历史教学中的关键小事，形成持续不断的研究动力。2018年7月，工作室五人参加全国历史教学改革研讨会，并应邀在会上发言《让核心素养落地的两大奠基性工程——谈谈历史学真实与历史解释》，受到与会人员的好评。2019年教师节，工作室主持人被选为东莞市教育“2018幸福事业”庆典活动的五位展播嘉宾之一，是仅有的高中教师代表。2020年教师节工作室主持人又被评为东莞市第二届“最美教师”。

工作室主持人始终站在立德树人高度，践行“培养君子”的教育理念。

2018年9月，工作室主持人主动请缨，担任高二文科17班班主任，该班在同届的平行班中处于弱势位置，班风不正、学风不良。工作室主持人以“悦纳鼓励中手持戒尺，平和理性中严格要求”为治班理念，平和上课，理性育人。在教育教学工作时间内，从没有发过脾气。匠心从教，仁心育人。2020年高考，无论是重点上线绝对人数，还是重点超指标率，17班均以较大优势获得学校第一名，超重点指标任务百分之一百。他接手时，17班9名男生成绩相对落后，文化课成绩最好的名次是班上第19名，通过采取“五气五多”（立志气、养正气、激兴趣、长才气、强霸气，多宽容一点儿、多鼓励一点儿、多期望一点儿、多理解一点儿、多推动一点儿）、评选“男1—3号”等措施，高考有7名男生上了重点线，实现了“一年填坑，两年雄起”的班级目标，“后进班”也迎来了自己的春天，创造了东莞高级中学文科班的高考奇迹。

（2）课题推进制。以工作室群体智慧为依托，善于在历史课堂中敏锐捕捉历史教学中的关键事情，形成持续不断的研究动力。既用微博直播有激情的教育现场，也用日志积累有意义的教育生活；既用叙事讲述有原理的教育故事，也用案例展示有启发的教育事实，或用课例再现有深度的教育思考；既用论文呈现有思想的教育价值，也用课题总结有成效的教育结果。课题推进制可概括为：立足“三个基于”、形成“三级研究”、用好“三副镜”、主研“一个课题”。

立足“三个基于”：一是基于工作室的研究视角，要求学员杜绝闭门造车现象，把自己研究的重心下移到班级，推进到课堂和学生个人；二是基于研修内容视角，要求学员努力实现从单一性研究向多向性研究转变；三是基于研究方式视角，要求学员尽快实现从相对零乱的事物性工作中走向目标明确的课题系统研究，超越自得其乐或自怨自艾的个人情绪，追求心怀天下的人生境界。

形成“三级研究”：一是积极参与以市级教研室和工作室为主的网络教研和活动教研——重在专家引领课题研究和学习，提高工作室学员的水平，改变观念；二是以课题组为主的课题研讨——重在互助和提高，保证课题研究过程实实在在，件件事落地生根；三是以学员个人研究为主的课题中的小问题研究——重在自我反思和解决课题研究中的一个个小问题，即小问题研究。该举措既放大了名师的示范引领作用，为学员搭建成长的平台；也让名师本人在已经成名的基础上实现不断的自我超越，取得更多的历史教育教学研究成果，不断从优秀走向卓越。在遵循从简单到复杂、从低级到高级阶梯式发展规律的基础上，构建“目标有梯度，成长有追求”的自下而上的金字塔式模式。

用好“三副镜”：天文望远镜（仰望历史教育的星空）、高倍显微镜（关注历史教学的细节）、360度广角镜（全方位多层次认识历史）。

主研“一个课题”：当前，工作室正在主研的课题是《基于项目构建“双题”教学模式的实践研究》，即从整合历史知识体系的内在规律和逻辑关系出发，作用于学生成长的内在联系、互相协调和整体发展。以历史主题进行统领，以学生为主体，把问题的发现、探究及解决作为教学的引擎，突出教师启导和学生探究的关键环节。把整个教与学的过程设计为不同的项目，分段实施，分步完成。以“主题立项”为基础，以“问题推进”为核心，以动态合作交流为基本形式，在立足主题项目的基础上，不断从学生实际出发，针对不同学生的接受能力，设计不同层次的问题，使各类学生都能有所得，不断享受成功的喜悦和学习的幸福。目前，这种教学模式阶段性成果丰硕，为项目式学习背景下的历史教学改革做了一些实践性的探索。

（3）成果辐射制。以工作室为辐射平台，构筑了点面结合、相得益彰的辐射体系，不断培养和提高学员的教育素质、能力和水平，把他们培养成一个个的成果辐射点。再从优秀学员中遴选出一批卓越学员，通过“名师带骨干”的培养模式，把他们自身在名教师工作室所获得的成长成果转化为对本校教师的引领，形成较大的辐射面，带动本校、本地区教师的专业成长。同时，鼓励和推荐卓越学员做好国家级和省市级层面的辐射引领，最大限度发挥名教师工作室的引领辐射作用。在三年工作周期内，工作室的相关成果不断以论文、专著、研讨会、报告会、名师论坛、公开教学、专题视频、现场指导、观摩考察等形式在全市、全省甚至全国范围内介绍、交流、推广达一百多次，在示范引领广东省教育的均衡发展、教学质量的提高和教师的专业成长等方面做出了自己的贡献。

（4）岗位淘汰制。在三年工作周期内，如果学员未能较好地履行职责，工作效果较差，经考核不合格的，会自动淘汰。由于工作室是一个自愿申请与严格选拔相结合的团队，学员来自历史教育教学一线，教育教学能力与研究能力较强，基本形成自己的教学风格和教育艺术，教育教学质量高，自我完善、自我突破、自我发展的愿望较强烈。更重要的是，全部学员都是经过省市严格挑选和推荐的，素质普遍较高，专业水准较高，参加工作室的各项活动非常积极，且效果显著。因此，近三年来，没有一人被淘汰。

三、蓬生麻中向阳长

种麻为蓬草，勃勃向阳长。近三年来，毛经文名教师工作室在三个维度上发生了较大的变化：一是从过去重辐射与灌输式引领走向激发学员内心渴望成长为名师的动力；二是从注重高中历史教学实践性探索走向理论与实践并重；三是从单一发展走向构建名优骨干体系发展，初步构建了名教师工作室学员点、线、面三位一体的平台发展模式，品牌效应比较明显，在全市、全省及全国范围内拥有一定的示范性和影响力。

1. 建成了辐射东莞市乃至全国的网上工作室，已进行了关于高中历史教学的专题研修7个，解惑32次。建立了两个微信群，进一步充实和完善了“广东省毛经文名教师工作室”博客和微信公众号“读史养心”，加入博客和微信公众号已有三千多人，全国知名的“中学历史教学园地”网站一直在积极推介。建立了“全国历史教育名师毛经文优质资源库”，在全国范围产生了良好的影响。

市级以上教研活动的示范课、公开课、观摩课、专题讲座或经验介绍活动，有五成来自毛经文名教师工作室。到目前为止，工作室的指导专家、导师和学员已在中学历史教学仅有的三大专业杂志上发表了论文60多篇，其中17篇被人大报刊全文复印。省市以上的获奖课题12项，在研课题16项。五人获提拔，三人被评为市级名师培养对象。东莞市中学历史教育教学质量在广东省名列前茅，工作室做出了自己应有的贡献，从工作室的指导教师和学员中走出了五位特级教师、四位正高级教师、三位东莞市“最美教师”（两届共20位）、两位省级历史教研员、两位市级历史教研员、两位广东省名教师工作室主持人、一位广东省特支计划教学名师。2019年，在广东省青年教师教学技能大赛中，工作室助手杨山坡老师一路过关斩将，夺得广东省一等奖。

2. 2018年第1期《中国教师》创设“名师工作坊”栏目，首次推出的名教师工作室就是毛经文名教师工作室，同期发表三篇文章予以重点推介，其微信公众号一次性推介工作室的六篇文章，在全国范围引起了较大反响。

3. 2018年第12期《中学历史教学参考》杂志为毛经文名教师工作室出专刊论文并在全国推介，当期杂志刊载的十五篇论文全部出自工作室主持人和学员之手。

4. 工作室自主联系确定帮扶的薄弱学校，工作室主持人和培养对象每人至少与两名乡村中学教师结成互助帮扶对子，每学年至少组织开展两次以上的送教下乡活动。如韶关田家炳实验中学是东莞高级中学对口帮扶对象，工作室主持人于2018年4月做了教育科研的帮扶讲座，效果显著。2018年4月，工作室助手赵晓东老师在该校上了一堂精彩的高三历史二轮复习课，给帮扶学校带去了高三备考的方向性指导。2018年9月，工作室助手赵晓东、学员胡波随同东莞市教育局教研室送教云南昭通市。2018年12月，毛经文、曹军辉老师送教广西壮族自治区贺州市高三第二轮复习课。

5. 2019年4月，广东省毛经文名教师工作室作为优秀名教师工作室，在东莞市骨干教师队伍建设工作会议上做了专题经验分享，受到了与会校长和省市名教师工作室主持人的高度赞扬。

6. 2019年4月，工作室应邀参加“2019年高中历史新教材名师课堂展示研讨活动”，并作为全国四大名教师工作室展示工作室对历史新教材的研究与探索成果，其中工作室主持人毛经文做讲座《不忘来时路方知向何生——以新教材“中古时期的欧洲”一课为例》，工作室助手赵晓东上示范课《黑中有光、暗中有亮的中古欧洲——以庄园制为例》，工作室核心学员曹军辉上示范课《中世纪之问——黑暗还是曙光》，效果显著，引起了与会教师的热议与思考。

7. 2019年10月，协办华南师范大学《中学历史教学》杂志社组织的“任务驱动与中学历史”学术研讨会，工作室主持人主讲《主题推送项目问题推动教学》。随后，《中学历史教学》开辟专栏，刊发了工作室五位学员的五篇论文。

目前，广东省毛经文名教师工作室不断地受到上级领导和教育主管部门的鼓励与肯定，社会影响力与日俱增。广播里有声、电视里有像、杂志上有文、报纸上有名、会议上有座，工作室成员多次应邀列席东莞市党代会、人大会、政协会，以及各级各类与教育发展相关的省市级座谈会和教师节庆典大会。工作室主持人同时被广东省评定为高层次人才，获得广东省优粤人才卡，其事迹还入选了东莞市委组织编写出版的《才聚莞邑》一书。

第四辑

蓬生麻中扶更直

——正在走向春天的后进班级

“后进班级”构建和谐运行的路径探索

——以东莞高级中学2020届17班为例

以东莞高级中学高二年级为代表的后进班级在构建和谐运行的主体要素、文化要素、物利要素、关系要素、制度要素和环境要素几个层面上，除具有“民主法治、公平正义、诚信友爱、充满活力、安定有序、人与自然和谐相处”的一般规律外，还具有自己独特的运行规律。是一种以和衷共济、内和外顺、协调发展为核心的核心素养培养模式，是以班级为纽带的各种教育要素的全面、自由、协调、整体优化的育人氛围，是班级教育各子系统及各要素间的协调运转，是班级教育与社会教育、家庭教育和谐发展的教育合力，是以班级发展为宗旨的整体效应。和谐运行的班级不是常态或静止的，是在不断运行和变化中体现着自己的运行过程和规律，即松散运行期、联合运行期、形核运行期、和谐运行和协调发展期四个运行阶段。各运行阶段具有不同的质和量的规律性，但同时又是相互联系的，每一运行阶段是前一运行阶段的必然结果，又是后一运行阶段的必要条件。不同的发展阶段在构建班级和谐过程中各具作用而又相互关联，他们各自发展的质量以及相互耦合的程度，从质和量上规定着和谐班级的发展。只有运行过程中的诸要素不断组合、匹配、调整或重建优化，才能最终达到整体和谐运行的目标。

一、松散运行期

东莞高级中学高二年级是在高一第二学期期中考试以后重新分文科班和理科班的。本年级共21个班，文理分科时，理科类组建了15个班，文科类组建了6个班，17班就是文科班。由于17班高一分班时的班主任是位临时代课教师，实际上才陪伴该班学生一个多月时间。学生进入高二后，由毛老师接手班主任工作，经过一系列的调查、走访和各项数据统计后，他发现该班存在三大问题。

一是先天投入不足。17班共有46人，其中男生11人、女生35人，本地生40人，新疆“内高班”学生6人（其中男生2人、女生4人）。40名本地生中，有4名美术特长生，2名体育特长生。如果以2017年东莞市中考录取成绩为依据，该班先天投入不足，生源结构相对复杂，是一个基础相对薄弱的班级。2017年东莞高级中学的录取分数线是681分，凭这个分数录取的学生是444人，另外还有444人是东莞市统一分配到各初中学校的指标生，他们的中考总分均在681分以下。学校本年级21个班，444名681分以上的学生，每班均衡分配应该在21人左右，而17班681分以上的人数只有区区11人，大约在平均数的一半左右。后文理分科，6个文科班在681分以上的人数只有93人，班均不到16人，17班依然只有11人，差额近三分之一。6个文科班中考成绩在700分以上的有12人（文科班最高分719分），班均2人，17班只有1人。这说明高二17班基础相对薄弱。

二是后天营养不良。以高一第二学期期末市统考为例，班级平均总分、优秀率、合格率等多项指标年级垫底；文科统考六个科目中的语文、数学、英语三科的平均成绩与相对均差在年级6个文科班中居最后一名。其中数学平均成绩不但是最后一名，而且平均分与文科班年级第一名数学平均成绩相差接近十五分。略有优势的是文科综合，其中地理平均分与相对均差都是年级第一，历史第二，政治第四。

三是班级组建才一个多月时间，又更换了新班主任和部分科任老师，师生之间、生生之间缺乏必要的了解，有的甚至连姓名都叫不上来，班级46名学生的兴趣、爱好、能力、需要更不为他人所知，班级运行难以步调一致。有时虽说形式上是同步的，但缺乏实际意义上的深入了解和情感上的有机联系。当班级遭遇困难时，无法组织有效的努力。学生也难以从班级运行中获得快乐和幸福，班级对他们还缺乏吸引力，班级成员还是孤立的个体存在。虽然有活跃分子跃跃欲试，试图寻找伙伴，但常常受阻，大多数班级成员还在旁观、等待、徘徊，个别不适应的还出现了心理空虚、烦躁等表现。整个班级基本上处于松散、无联系的运行状态之中。

在班级暂时还处于松散运行期间，班主任主要做了以下努力和工作：

一是班主任对班级运行充当指导者的角色，关心、爱护、帮助学生，使班级氛围趋向一种亲切、温暖、和睦的安全感和亲切感，让学生感到宾至如归。

二是把班级布置得整洁、优雅、美观、舒适、和谐，用几幅山水小画唤起他们的美感，用几条警句书法悟使学生感受生活的哲理，用几盆美丽的鲜花让学生领略勃勃生机。

三是班主任认真了解和研究每一个班级成员，尽快熟悉他们的家庭基本情况，包括经济条件、父母关系、业余生活、教育水平等，以及班级在家庭中的地位和表现；熟悉他们在原来班级或学校的基本情况，包括师生关系、同学关系、学业成绩、兴趣特长等。不多久，班主任就能叫出全体学生的名字，并能说出他们在高一或家里的闪光点，让学生一下子感觉到了莫大的尊重。

四是设法通过多种形式的活动与措施，推进学生相互联络与了解，增强情感，把班级关系导向正确的轨道，为后续班级工作的和谐运行奠定了较好的基础。

五是为每个班级成员初建了档案，为进一步研究班级和学生做了较为充分的资料准备，有利于后续育人过程中的因材施教。

六是每天推送一条“毛言毛语”。2018年9月开学第一周，毛老师在班里不断鼓励学生。于是，苏静如同学把毛老师的鼓励编成了第一周“毛言毛语”上传到班级的微信群，没想到引起热议。于是乎，便有了接下来每天推送的“毛言毛语”。两年四个学期记录了近三万字，成为17班班级文化建设中的一张亮丽名片，产生了较大的影响。

二、联合运行期

大约到了高二第一学期期中考试前，17班的部分学生基本成为合得来的朋友，形成不同的小群体约8～10个。在这些由外在引力而构成的小群体中，有地缘小群体，他们或者来自同一所初中、小学、幼儿园，或者来自同一个镇区、村组、管理区、新莞人老乡等有志趣小群体。他们兴趣相投、需求相近、性格互补、目标一致等。这些小群体并无严格的组织，既可能因为来自同一个地方或毕业于同一所学校参加这个小群体，也可能因为兴趣爱好相同相近而参加另一个群体，甚至还可能因为其他多方面的原因而同时参加多个小群体。相对于分散的个体存在而言，学生在这些小群体之中，可以比较好地满足自己的兴趣爱好和发挥能力特长。班级中的小群体不仅存在于班级和谐运行的前期阶段，而且也存在于后期阶段，只是对班级和学生个体的作用有程度上的差异而已。

在联合运行期，班主任认真研究班级中的多个小群体。学生的小群体是自发产生、自由参加、自觉活动，且人数较少；情感性质比理智性质强，自觉程度比强制程度大，具有较强的内聚力和较明显的暗示性；信息交流的渠道多、时间快，往往以情感为纽带，成员之间有一定的默契，不仅无话不谈，而且有时不需要言语，仅借助某种手势、暗号即可达到交流信息和情感的目的；小群体带头人的作用是绝对的。正是基于这一系列因素，班主任及时、合理地利用和发挥了小群体凝聚力强、能较好满足成员社交归属等心理需要的特点，开展了一系列课外活动，让他们有适当自我实现的机会，进一步强化了学生的团结与合作精神。利用小群体成员的义务感、责任感和荣誉感，引导学生进行友好竞争，高质量、高速度完成学习任务。同时还用情感沟通的方法，密切学生关系，加深相互了解，消除情感隔膜，让小群体在目标和行动上逐步配合起来，让学生亲身感受到班级能够实现他们在小群体中无法实现的目标，获得与享受小群体中无法获得的交往大乐趣和成功大喜悦，强化了集体成员的角色观念，增加了集体成员的角色吸引力。

在联合运行期这个阶段，初步完成了班级文化的基本建设，如班级总目标、班训、班风、口号、班歌、班徽、学习楷模、师生目标等。

附1：

17班班级文化建设的几项常规工作

1. 17班总目标：

绝地求生，从危机中走向卓越。一年填坑，两年雄起。

2. 17班班训：

做好人（良善）：品高、德厚、人和==>仁和立命

读好书（习惯）：勤奋、专注、有恒==>勤恒安身

3. 班级班风：

在先做好人的基础上读好书，在品高、德厚、人和的好品行中养成勤奋、专注、有恒的好习惯，力争达到四有，即有独立的思想、有创新的意识、有宽容的胸怀、有高贵的气质。

4. 17班口号：晓音缘于操千曲，识器来自观千剑。

5. 17班学习楷模：一勤天下无难事（曾国藩）；我命由我不由天（张伯端）。

6. 师生目标：

（1）17班学生目标：仁、义、礼、智、信。

修仁和谐宽裕，修义见得思宜，修礼尽责笃行，修智博学致远，修信畅行天下。

（2）17班班主任目标与追求：

多多去陪伴，经常去滋养，总是去育人。

悦纳中严格要求，鼓励中手持戒尺。

力争成为学生的生命知己、精神密友、灵魂导师！

7. 17班班歌：

奇迹再现（东莞高级中学高二班级代班歌），作词：张鹏，作曲：The Bezz。

附2：

对东莞高级中学高二17班班训的释读

做好人（良善）：品高、德厚、人和==>仁和立命

读好书（习惯）：勤奋、专注、有恒==>勤恒安身

培根说："对一个人的评价，不可视其财富出身，更不可视其学问的高下，而是要看他真实的品格。"罗曼·罗兰也说："没有伟大的品格，就没有伟大的人，甚至也没有伟大的艺术家、伟大的行动者。"17班过去是一个成绩相对落后的班级，希望通过大家两年的努力，把自己培养成"四有""五常"新人。四有是有独立的思想、有创新的意识、有宽容的胸怀、有高贵的气质。五常是仁、义、礼、智、信，即修仁和谐宽裕，修义见得思宜，修礼尽责笃行，修智博学致远，修信畅行天下。班训是提倡大家在"做

好人”的基础上“读好书”。做好人是六个字：“品高、德厚、人和。”读好书也是六个字：“勤奋、专注、有恒。”先做一个好人，做一个良善人。在做好人的基础上，形成良好的习惯，受用终生。只要17班同学不断努力，做良善人，不断养成好习惯与好品质，即使学业成绩暂时落后，相信总有一天会爆发的，46朵花总有一天会绚丽开放。即使没有在学校绽放，也会在今后的人生之路中精彩纷呈。和合共生促成长，美美与共赢未来。

1. 对“品高、德厚、人和”的释读

成为君子比成为才子更重要，生命因善良而高贵，做一个勤奋、专注、有恒的良善君子，力争成为一个心正、德正、见正、行正的诚信君子。正善心，品端行纯，善念长养，厚德载物；明人伦，孝顺父母、友爱兄弟、尊敬师长；诚恭敬，体贴他人、互助合群、宽厚待人；知恩报，见贤思齐，谦虚和睦，德用无穷。事虽小，勿擅为；勇担责，改过错；不怕难，明是非。节用爱物，恭敬爱惜；常保如新，晓物艰辛；慈爱动植，感恩自然。好人品，是一个人最强的核心本质。有好人品的人，命运自然也不会亏待他。好人品，是一个人最可贵的通行证，是一个人成败的关键，是一个人最大的财富，是一个人最高的学历。在我们现实生活中，良好的交往与合作，往往是始于颜值、敬于才华、合于性格、久于善良、终于人品。

高中建立在品高、德厚、人和的基础上，勤奋、专注、有恒才是回头的岸。当我们无路可走时，要用我们的品高、德厚、人和的翅膀飞出一条路。追求好人品，就是要成为合格甚至优秀的健康人、国家人、世界人。要不断护养健康人的身强心顺，正养国家人的深情大爱，毓养世界人的放眼全球，厚植与筑牢我们高三学生的精神底蕴，走好和走稳从小我到大我的正向蜕变。要记住，改变人生的不是道理，而是每一天微不足道的勤奋与善良。追求平和，但不甘于平凡；追求平心，但不甘于平淡；追求平常，但不甘于平庸。尊德行，道问学，人品优良，笃学博文。不能得君行道，则觉民行道；不能行道于民，则以道自任。格物在背书与做题，致知在问学与求知，正心在品高与厚德，诚意在勤奋与专注，修身在有恒与坚守，齐家在拼搏与优秀，治国在投入与卓越，平天下在名校与“双一流”。

人生最硬的后台是自己的人品。高中时时是磨炼，处处是修行。人品好，可补才气不足，才高却不足以补人品。不奢身外物，克己才是真功夫。

在品高、德厚、人和的前提下，做到勤奋、专注、有恒，让人生在拐角处遇见最好的自己。我们可以暂时不够勤奋，专注也可以逐步加强，但有一条基本要求不能降低或打折扣，那就是不能没有好的人品，这是做人、为学的底线和基本原则。人品好，就算资质平平，亦能得到别人的尊重。当人品和能力兼备时，才会让自己飞得更高、走得更远。真正有价值的人，好人品是基础，才华与能力只是成就一番大事业的映衬。本性善良像金子一样珍贵，厚德有厚报。滋养品高、德厚、人和的卓越品德，形成勤奋、专注、有恒的优秀习惯。勤改变命运，善改变人生。理想让我们铭心相约，品高让我们深情相守，德厚让我们赓续初心，人和让我们砥砺前行。让品高、德厚、人和融入我们的灵魂，让勤奋、专注、有恒卓越我们的人生。成功不仅仅是高分数，更重要的是骨子里渗透出来的教养。

因此，情商比智商更重要，品德比能力更重要，习惯比分数更重要，勤奋比成功更重要，坚守比热情更重要。内心光明，人生就光明；人生光明，所处的世界就光明。不乱于心，不困于情，不缠于物，专注良善，照亮自己，温暖他人。当品高、德厚、人和凝聚成一轮红日时，一定会照亮我们想去的诗与远方。

2. 对“勤奋、专注、有恒”的释读

生命在勤奋、努力与拼搏中高贵与优雅。一勤天下无难事，勤奋、专注、有恒是通向成功的路标，是成才的宣言书与光荣榜。人生最美的风景莫过于在高中三年遇见勤奋、专注、有恒的自己，找到一条走回自己初心的路。山再高，不停步，总能登顶；路再长，坚定走，总能到达。勤奋、专注、有恒的人，终会守得黎明见花开。任何困难都抵不过用心，任何成功都源自勤奋。世人可以嘲笑一个人的梦想，但千万不能漠视他为梦想所付出的努力，将来的某一天，奇迹一定会成为努力与坚持的代名词。只有勤奋、专注、有恒，我们才有资格舒展心灵的翅膀，仰望思想的星空，搭建理想的阶梯，品味别样的人生。

最值得我们炫耀的不是漂亮，因为那不是我们努力的结果。在17班，最值得提倡的是努力与拼搏、专注与坚持，这才是真正意义上的聪明人。高中三年的人生无非是两个词：努力和坚持。我们决定不了太阳几点钟升起，但我们可以决定自己几点钟起床。不必羡慕他人成绩好，殊不知他们在我们看不见的时候洒下了我们意想不到的汗水。不努力，任何学习上的小事都是大事与难事；肯钻研，任何学习上的大事都是小事和易事。世界上唯一不能复制的是时间，唯一不能重演的是人生，而唯一能够不劳而获的是天天增加的年龄。只有勤奋、努力、专注，我们才会让时间有意义，让人生更精彩，让年龄“逆生长”。17班的优秀卓越就是把每一次听课、每一道习题、每一回小考，在自己能力范围内做到尽善尽美，并形成终生受用的好习惯。

人生有三种痛苦值得我们吃：努力的痛苦、坚忍的痛苦、步步艰辛迎难而上的痛苦。人生也有一种痛切心扉的痛苦，那就是后悔莫及的痛苦。真正内心强大者，敢于直面危机，不断给拼搏注入有恒。不必为过往的懒惰忧虑，勤奋专注于当下，我们一定会遇见最美好的自己。成功是拼搏这个大家庭里面年纪最小的那个孩子，失败是他的母亲，是母亲一手把他抱大；磨难是他的父亲，他是父亲的掌上明珠；勤奋是他的大哥，专注是他的二哥，坚守是他的姐姐，哥哥们常陪伴左右，姐姐与他形影不离。努力拼搏的人，让人生遇冬有温暖、遇寒有火炉、遇黑暗有灯、遇雨天有伞、遇困难有幸运。今天的勤奋、专注、有恒，是明天翱翔的双翅。不想吃生活的苦，就得吃学习的苦。不想吃一辈子苦，就必须闻鸡起舞。高中吃的苦，是为我们未来去看美好世界铺就的路。

在高中勤奋、专注、有恒、碰壁、失败、摔倒、痛哭、无助等都是成长。分数不问高低，只要努力拼搏，一切都是在累积辉煌。在拼搏人生的世界里，从来没有容易二字。现在的勤决定了未来的路。低头不是认输，是在继续埋头苦干与拼搏；仰头不是骄傲，是想看清自己的星空，明白自己前行的路。成功是一把梯子，勤奋者可至半高，专注者可达梯顶，有恒者可加长梯高，奔向更高的山峰。

天才毁于惰傲，庸才源于无勤。有恒的坚守和科学的方法一样重要。聪明人往往容易败给“傲”，平庸者易输给“懒”。勤奋、专注、有恒，是成为高手的秘籍，是聪明人的笨办法与笨功夫。优秀卓越的人，不过是把不起眼的每一件小事，用勤奋、专注长久地、用心地坚持下来。柔弱之水之所以能穿石，是因为他们长年累月聚焦于一个点；未来人生能否获取成功，全仰赖我们是不是在某一件事上重复了一万个小时以上。读书不但要明辨之、慎思之、审问之，关键还要笃行之，即人不息其功。改变人生的不是道理，而是每一天微不足道的勤奋。勤奋让我们有做好自己的底气，专注让我们有敢于做好自己的才气，有恒让我们有能做好自己的霸气。勤奋、专注、有恒，就是一堂堂课、一次次作业、一遍遍改错、一场场考试、一项项活动、一点点积累、一回回朗读。三流高手靠勤奋，二流高手靠专注，一流高手靠有恒。如果我们想成为人生考场上的高手，只有在勤奋、专注、有恒的不断迭代中，累积一飞冲天的优势。

17班的学生，在平凡与伟大之间，只差勤奋、专注、有恒的距离。如果我们拒绝读书与学习，远离勤奋、专注与有恒，那我们的成长只是虚有其表。读多少书，决定我们未来生活的宽度就有多大。不完成作业、不参加某次小考，表面看，只是一题或一次考试的小事，但积攒多了就会错失整个人生和未来的无限可能。读书，就是让我们在遇到困难与挫折时，拥有应对的资本。只有历经磨难，克服了自身的种种不良习气，才有机会成材成功。

三、形核运行期

17班运行到这个阶段，每一个小群体都会自觉或不自觉地产生带头人物。大家之所以拥戴他，是因为他的组织能力和活动能力或其他的特殊能力超然出众。在17班运行过程中，小群体的带头人总是负责发动组织服务等工作，因而渐渐为班级同学所熟知和了解。也正是在这个过程中，群体内部各成员的地位得以巩固或变化，一些能力更为突出的学生成为全班学生共同拥戴的带头人，对班级产生较大影响。这个时期，17班群体已开始有了一定的教育功能。当然，这些教育功能常常是通过小群体带头人的影响力而实现的。恰恰就是这个时候，成为班主任选拔学生干部的最佳节点。选拔时除了考虑必要的思想、政治、个人素养和学业成绩外，这要有坚实的群众基础，要尽可能选拔那些在班级有一定威信的小群体带头人担任班干部，为班级的本阶段运行选择最理想的领军人物。由于班干部与小群体的带头人不一定完全统一，应特别注意和调解小群体带头人与班干部之间的关系，在工作中有意识地提高和逐步树立班干部的威信。

对于17班，更需要通过多种活动，帮助学生在班级群体中寻找相应的、能充分发挥其能力、展示其个性的位置。活动越多，位置就越多，每个学生就越有机会找到自己在这个群体中的位置，产生归属感，不断感受来自班级和谐运行对自己的鼓舞，强化主人翁精神和参与意识，为班级的形核运行奠定基础性元素。当学生逐渐感觉到班级这个群体有着小群体无法比拟的优越性，班级的运行活动更容易发挥出学生的聪明才智，更容易找到自己合适的位置，满足内心的归属需要，明确而统一的奋斗目标和成文或不成文的共同准则与规则，以及左右班级行动的舆论和良好的心理环境，就很容易形成了。因为，此时此刻的学生已较多地把运行中的班级集体当成实现自我的实质内涵，把班级集体荣誉视为自我荣誉，把班级集体耻辱视为自我耻辱。班级已开始成为一个较为融洽的运行整体，凝聚力较为强大。如17班的班徽和班级目标正是在这个时期被师生共同确定下来。其中班级目标确定为："绝地求生，从危机中走向卓越；一年填坑，两年雄起。"班徽与意蕴释读附录如下：

附3：东莞高级中学高二17班班徽与班徽的释读

1. 整个设计图形采用圆形方孔为整体视图，中心是人登书梯助成长。有三大寓意：一是象征学生的成人成长如车轮滚滚向前。二是圆形方孔是中国古老的哲学命题，于成人外圆内方，于成功外儒内法，在遵纪守法的底线标准上追求道德的最高标准。三是中心点通过书梯登高以帮助17班学生茁壮成长，突出人登书梯图案，说明17班始终是以学生为中心，以读书学习知识为当前主要任务，通过知识改变命运，养育核心素养，同时也寓意"书山有路勤为径"。"人"字采用甲骨文写法，说明17班的特色是历史教师做班主任，以史为鉴，读史养心，"述往事以为来者师"。

2. 优秀是指学生能够进入东莞高级中学，能够进入高二17班，本身就是同龄人中的佼佼者，是优秀者。卓越是倡导17班每个学生在优秀的基础上追求卓越，是整个班级的目标。中间的水与船及46的寓意是：水由班主任毛老师“毛”字汉语拼音第一个M的变形而来，代表班级学生要从优秀走向卓越，少不了学校与教师的呕心沥血与谆谆教诲，水和船就代表帮助他们从优秀走向卓越的教师。船上的46是指17班的46位学生，其中“4”象征一面船帆，借风助力，“6”象征躬身奋力划船，团结前行，勤奋努力让17班学生在未来的人生道路中拥有更多的主动选择权，同时也寓意“学海无涯苦作舟”。

3. 菱形内的甲骨文“人”字形，既是历史的“史”字的第一个拼音字母S的变形，也说明17班以学生为中心，彰显安顿心灵、抚育精神、提升情怀、守护灵魂的坚守与追求。同时“人”字形也像个火把，寓意为“拆下肋骨当火把”，照亮17班学生前行的人生路。

4. 小圆形内的各种颜色围绕甲骨文“人”字进行，一是寓指多重评价标准下的多元视角看待和评价学生，爱其所同，敬其所异。二是多元化的活动始终都是围绕人来进行的，是为学生服务的。

5. 圆形直径为5厘米，借寓古代“五子登科”，希望每个学生都能成人成才。

四、和谐运行和协调发展期

这个阶段是17班班级和谐运行的高阶阶段，其主要标志是17班的班级运行逐步形成良好的班风和学风，具有良好的人际关系，同学之间既能友好竞争，又能密切合作，为实现17班师生的共同目标和个人价值而相互促进，46名学生在班级和谐运行过程中，初步具有了自我设计、自我教育、自我调控、自我管理的能力。班级能根据核心素养要求和本班的实际运行情况，不时更新奋斗目标，学生也基本上能够把班级奋斗目标变成自己的自觉行动。此时的17班具有了较为融洽的心理环境，学生在这个环境里，既能感受到催人奋进、强化和保持奋发向上的力量，又能感受到心情舒畅和幸福。班级多种运行组织的配置与实际运行也比较协调，并能在不断运行中趋向完善。其具体表现在以下四个方面：

1. 明确的运行目标

每个组织都有自己的目标，标志着这个组织必须通过自身活动去达到的某种事实或未来状态，代表着一个组织的未来和发展方向。班级作为班级运行的基本元素之一，有自己特定的目标系统，这个目标系统是班级运行的依据和动力。在很大程度上，班级的运行要依靠这个特定的目标来维持其存在，失去目标就意味着班级失去其合理性。班级的运行活动都要围绕这个目标来进行，制定班级运行的规划以及为实现规划而开展的系统活动，都要以班级运行目标为基础。由于目标在班级运行的显要性，使每一个班级都在规划未来，推动学生参与共同活动，并且在活动过程中对个体结构具有指引作用和约束作用，让目标逐步内化为班级运行中个体成员的精神需要，使班级每个学生的认识、情感、意志和行动同班级运行的要求统一。促进班级和谐运行在个体互化中形成，个体在班级和谐运行中发挥作用。因此，目标系统成为班级运行中构成整体的第一要素。包括因此而产生的一系列的共同活动，是班级和谐运行与协调发展的基本条件和前提。

17班在班级运行中的教育与成长目标系列，在结构和层次上按照一定比例组合而成，其系列化过程，既在时间上表现为近期目标、中期目标和远期目标，又在内容上表现为综合目标、单项目标，还在组织维度上表现为班级目标和个人目标。总目标和各个子目标之间构筑成一个对立统一的动态系统，其和谐运行的过程实际上就是目标状态、目标程度、目标效能水平、团体吸引力与凝聚力、心理气氛与士气、个体归属等复杂参数的整合过程。目标运行的动态评价，既关注班级目标运行中组织学习活动的质量水平，同时还立足学生个性心理品质的全面充分和自由发展的程度。在目标系统具体构建过程中，我们重点关注了以下几个维度：

一是有思想性和针对性。既符合立德树人与核心素养的要求，又能围绕班级的中心工作，同时还要代表班级的利益，符合17班的班情与学情。既要有利于调动学生的主动性和创造性，具有诱发、导向、激励等功能；还要有为班级和谐运行准备条件、把整个班级行为状态推进到一个新阶段的动能。

二是研究制订目标管理计划。在研究与分析班情和明确任务的基础上确定目标，分阶段提出多层次目标，既从大处着眼，又从小处着手，把远景目标、中景目标、近景目标有机结合起来，激励班级朝着远大的目标前进。心理学研究表明，价值较高的长远目标，其激励程度高于价值较低的眼前目标。而长远目标如果遥远得看不清时，其价值再大也激不起强烈的行动欲望。在设置远景目标的同时，注意中近景目标，注意目标的阶段性和层次性，当一个具体目标实现后，及时引导班级运行到另一个新的、更高的目标，使之永远保持积极向上的势态。

三是形成可控的目标管理实施程序。

四是注意评估反馈。即根据班级和谐运行的标准和目标管理计划，分阶段定期测试，分析及时反馈、校正，消除其在运行过程中所产生的负效应。

绝地求生，从危机中走向卓越——如何化解班级的暂时落后。

（1）如何用积极的心态看待班级所面临的危机?

一是总体来说：人品敦厚，智商正常，危在学业，暂时落后。

二是我们的危机是优秀群体中的危机（二八定律：同龄人中的前20%是优秀生）。

三是“水流绝处成风景，人逢绝处是重生”。危机就是危险中拥有无数的机会，危机同时也是转机。

四是我们并没有失败，我们只是暂时没有成功。我们班再也不会退步了，我们剩下的只有进步了。往前看，其他五个班级被我们追得汗流浃背；回头一望，我们身后无人来追！

五是积极摆脱危机，在“想到”与“得到”之间有更多的机会要求我们“做到”。

（2）从危机走向卓越的“三个我”与“九大策略”：

三个我：本我、自我、超我。

本我是本能，大家都一样。

自我是关键，修炼定高低。

超我是蜕变，精彩写人生。

事事能超我，一定变超人。

九大策略：

舍我其谁的自信。

略超实际的目标。

聚精会神的专注。

无与伦比的勤奋。

吐完再练的重复。

万次练成的习惯。

飞蛾扑火的背诵。

事半功倍的方法。

水滴石穿的坚持。

“九大策略”用湖南话来说就是“呷得苦”“霸得蛮”“耐得烦”。

（3）放视频《献给所有需要力量的朋友》。

① 无与伦比的勤奋。

诠释：天下之难事必做于易——以曾国藩为例。

启示：一勤天下无难事，人人学习曾国藩。

② 吐完再练的重复。

诠释：简单事情重复做，就成了人生赢家。再长的路，一步步也能走完；再短的路，不迈开双脚也无法到达。你能重复多少次，你的人生就有多大的成就，能重复是人生可贵的高情商。

当然，这种重复是朝着同一个目标和方向的。马与驴子一辈子走的路差不多，都是一样的辛苦。马的方向永远是前行，于是马有了诗和远方。驴子只是围着磨盘打转，一生始终走不出那片狭隘的天地。

小实验：请同学们写出你最不喜欢的一门学科，然后在两分钟内反复读一百遍：“某某学科，我爱你！”每天花两分钟这样做，21天后会有意想不到的效果。

启示：反复做你最不喜欢、最讨厌做的事，不断练习和重复，直到你做得很自然、习惯，那么你就离成功不远了。

推荐一本书：《水知道答案》。

③ 万次练成的习惯。

诠释：在勤奋中不断重复，在重复中形成习惯。你与天才只差一万小时的练习，让优秀卓越成为一种习惯。

a. 形成好习惯从反复练习开始。

b. 小实验：请大家用右手写“我是一个从优秀走向卓越的班级人”，再用左手写。

c. 启示：习惯是可以改变的，只要不断地重复。

④ 改掉坏习惯从规范开始。

故事：坏习惯会让自己自食恶果。有个年轻人向理发师学习理发，师父要徒弟先拿冬瓜进行练习，用剃刀把冬瓜上的一层薄薄的毛剃干净，但不能损坏冬瓜皮。徒弟每次都很细心地把这层毛剃得干干净净而且冬瓜皮完好无损。但是，他每次剃完之后都会顺手把剃刀插在冬瓜上。师父要徒弟改掉这个坏习惯，但徒弟总是说：“没事的，我以后为顾客理发时绝对不会这样做。”结果，当徒弟为第一个顾客理完发时，顺手就出现了事故。

补充一个小故事：大海边，寻宝扔石子。

启示：坏习惯足够毁掉一生！习惯决定命运！

（4）激发自己的潜力，管住自己的欲望。

播放视频《布洛克和他的教练》。

2. 和谐的人际关系

从广义上来讲，和谐班级的构建就是各种关系调整和重建的过程。和谐的人际关系是班级和谐运行和协调发展的基石，它是具有集体主义性质特征的。当班级运行中的人际关系逐渐由杂乱趋向有序、由单一趋向丰富时，其和谐运行就具备了可靠的基础，即所需求的内化环境或“精神共同体”。反过来，理想的人际关系又是孕育完美个性的肥沃土壤，促使班级优秀品格在班级和谐运行中进一步完善和趋向稳固。

班级运行中的人际关系按交往的方向可分为：垂直关系，如学校与班级；水平关系，如同学关系；交叉关系，如非正式群体与正式群体之间的关系。按人际关系的内在本质来划分又可划分为责任依从关系（即求知性关系）和情谊性关系。他们在运行中应该和谐发展，缺一不可，如果只强调责任依从关系，其生活必然单调苍白、枯燥贫乏。倘若情谊关系占统治地位，责任依从关系变成了可有可无的陪衬，则班级运行必然会变成一盘散沙，毫无章法可言。班级的和谐运行和协调发展要求两者统一起来，交相辉映，让个体在人际交往中显示和完善自己的品格，显示自己的光彩，并对他人施加影响。形成完善个性的过程，实际上是建立协调和谐的人际关系、培养班级和谐运行所需的条件的过程。

培养和造就班级运行中理想的人际关系实际上就是培养班级交往素质，在运行过程中，要求班级在以下几个方面的工作不可忽视：

一是指导交往。只有在活动和交往中，班级间的人际关系才能建立和发展，他们之间的团结才有了基础。应时常在班级生活的背景中研究各个学生的交往特点，承认交往风格的差异；努力创设条件，为学生排除交往障碍，同时干预异常交往，让学生懂得如何避免和解决冲突，从而建立起自己的交往风格。要给选择性交往留有空间，指导学生逐渐开展深层交往，交知心朋友，组织开放性交往，使学生之间建立起一种和谐与信任的交往情境。

二是把握人际关系的脉搏。要重视即时性研究，测定校内人际关系的现状，界定每个学生在人际关系中所处的地位，发挥情感调节器的作用，及时调整学生之间的各种关系。尊重他人，核心是尊重他人的人格。在人格面前，人人都享有受尊重的权利，也负有尊重他人的责任。人既有物质需求，也有人格尊严的需求。在特定情形中，人格尊严更显现个体价值的主导性诉求。人格尊严的受损是导致个体心理畸变的主要成因之一，尊重无疑是维系人际和谐、学生和谐的纽带。和谐是一个历史的动态概念，矛盾和冲突是其演进、达成和保持的推进力量。

三是控制交往情境。充分利用自然情境，努力创设人为情境，如信任情境、成功情境、考验情境、冲突情境、选择情境、集体讨论情境和系列情境等，在变式活动中引进新事物和创造成分，形成集体评价，刺激集体感受，使学生之间的关系得到巩固、经受锻炼，并变得更加丰富。

四是正确对待非正式群体。采用群体领导或角色转换等手段，使其目标、价值规范等内在成分逐步与班级整合一致。让每个学生在班级运行内部有自己的定位，有存在感和被重视感，如采用特长展示，增强对他人的影响力，使每个学生逐渐为同学所重视，使他们感到自己在校内是不可替代的一员，以得到情感上的满足，发展自我意识，强化与学生密切相关的感受，并积极地反馈给这个交往集体，增强班级运行的凝聚力。

班级运行中的美好交往和理想的人际关系能给学生带来愉悦的情感体验和精神享受，由此而建立的和谐人际关系则会产生经验沟通和情感交融的作用，从而直接作用于良好的个性，成为联系班级的坚韧纽带。

如班会、课堂、校内校外、家访的和谐交流，有效地营造了生生之间、师生之间、家班之间的和谐关系。

附4：东莞高级中学校内新闻对班级一堂班会课的报道与评价

循循善诱，如沐春风

——记毛经文老师《绝地求生——从危机走向卓越》主题班会课

2018年10月23日下午第一节课，我校特级教师、省特支计划名师、广东省名教师工作室主持人毛经文老师在高二级部的鼎力支持下，于高二17班开设了《绝地求生——从危机走向卓越》的主题班会示范课。曹定钦副校长、向友芳副主任、曾环望副主任、周泽选副主任、刘志伟副主任、班主任工作室主持人罗凯旋老师及其成员、各年级级长和班主任均到场观摩。此次班会课，更是吸引了诸多非班主任教师前来聆听，大家满怀期待，秉着认真学习的心态，把教室的过道、走廊围了个水泄不通。

《论语》有云："夫子循循善诱人，博我以文，约我以礼，欲罢不能。"毛老师的班会课循循善诱，清晰透彻，听课老师同学如沐春风。班会伊始，毛老师从班级的历史数据入手，直观诠释了他们所面临的危机。"水流绝处成风景，人逢绝处是重生。"引导学生用积极的心态去看待危机，他们并不是失败，只是暂时没有成功。幽默诙谐的演讲正如学生李佳怡所说："总是让人捧腹大笑又有所收益。"

在"想到"与"得到"之间有更多的机会要求我们"做到"。毛老师可谓一语中的，给学生提出了从危机走向卓越的"九大要求"。毛老师的课堂从来不缺乏笑声，他以"笨小孩"曾国藩为例，深入浅出地强调了勤奋的重要性，给班级找到了学习的楷模；简单事情重复做，朝着一个目标和方向去重复，小故事大道理，简单明了地让学生发现了重复的魅力！

时间在欢声笑语中不经意间溜走，"毛言毛语"所蕴含的人生哲理却早已深入人心。

毛老师以他深厚的学术修养、丰富的人生经历、积极乐观的人生心态正鼓舞着学生在求学之路上不断向前。正如学生梁淑瑜所言："他的付出令我们感动，他的自信使我们备受鼓舞。我在改变，大家都在改变，班级学习氛围逐渐浓厚，我们有使命卓越自己。"心中铭记"毛言毛语"，在学习的战场上绝地求生，从危机中走向卓越！鹰击长空，试与群雄争艳，以梦为马，定不负青春韶华！

（张洳菲老师撰写）

附5：班会课后部分学生的文字反映

一个人能走多远不在于他有多聪明，而在于他有多努力。吃得这一时的苦，未来就必然会得到回报。——艾叶青

有益的思考加坚持做事情，这才是真正意义的勤奋。——袁泳雯

一切"想到"的事情，我们只有依靠"做到"，才能"得到"。无论是习惯，还是方法，只有真正落实到行动上了，才能真正形成良好的习惯，找到适合自己的好方法。——叶卓妍

天生我材必有用，笨鸟也有矮树枝。虽然无法一步登天，但只要努力，一定能够实现成为王者的理想。——郭倩怡

分析入木三分，教诲春风化雨，语言正式又不失诙谐。——曾梓宸

毛老师的演讲总是让人捧腹大笑，又有所收益，就像一杯清茶，久赏养心，久品识心。愿班级越来越好！——李佳怡

班级还有一个名字叫作"毛家班"。毛老师成为班级的班主任是我们的荣幸。他说，作为一名老师是一件幸福的事，成为他的学生又何尝不是一件幸福事。他的付出令我们感动，他的自信使我们受到鼓舞。我在改变，大家都在改变，学习氛围逐渐浓厚，我们有使命卓越自己，珍惜时间，额外努力，坚守有恒。心中铭记"毛言毛语"，在学习的战场上绝地求生，从危机中走向卓越！鹰击长空，试与群雄争艳，以梦为马，定不负青春韶华。——梁淑瑜

附6：家长参加班会活动后部分家长的文字感想

梁淑瑜家长：

一次又一次看了毛老师的家长会课件，深感高二17班的孩子真幸福，遇到真心教、用心教的毛老师。也深感作为家长，务必密切配合和支持毛老师，让班级的孩子振翅高飞，飞得更高，飞得更远，实现自己的梦想，使他们更加幸福。恭喜本班家长委会成立，谢谢本班九位家长委会成员和毛老师为本班的学生们和家长们的无私付出！

曾冠熹家长：

一棵棵正在成长中的苗子，离不开有如春雨润细物般的滋养、阳光般沐浴的辛劳者，毛老师您辛苦了！班级孩子敬爱您、家长们敬佩您！感恩幸运遇到您，您的优秀让孩子们埋下自信的伏笔！愿在您的默默耕耘下，孩子们得以腾飞迈向辉煌！谢谢您，辛勤的好园丁毛老师。

李佳怡家长：

孩子怎么做？家长怎么做？老师怎么做？课件深入浅出，像一盏指路的明灯，让人自检反思。草盛豆苗稀、戴月荷锄归、但使愿无违，让人动容。为了我们的孩子，我们任重道远，同志还需努力。

李熙杨家长：

看完整套教学理念课件，我深受感动，倍感温暖！用毛老师的苦心精华来渲染孩子们的潜能与力量。相信在未来的路上，一定会发光发热！作为母亲，我很感恩孩子能拥有这一切的能源来走向成功！谢谢您，毛老师！

吴鸿莉家长：

感谢毛老师给我们出谋划策，句句精髓直入心底，指导我们如何培养好自己的孩子。相信在您的带领下，“毛家班”的孩子们个个都会是精英！您的教育事业也会蒸蒸日上！

彭高蒙家长：

看完毛老师的课件，我深深感受到毛老师的用心与爱心，对比之下发现自己对孩子的教育缺乏用心与耐心。从今天开始，我将按毛老师的教育理念指导，力争教与育同步，把我们的孩子培养好！

叶楚笙家长：

“超我是蜕变，精彩写人生。”毛老师专注于搞好自己的事业，我们家长致力于培养好我们的孩子。愿在大家的共同努力下，我们的业务水平不断提高。毛老师扛大旗，我们岂可不跟着走？

附7：东莞高级中学高二17班第一学期家访速记

2018年12月1日下午，东莞高级中学高二17班根据学校安排进行了创新性家访，具体操作形式是：为了提高家访的实际效果，把开车赶路的时间挤出来，增加与家长的实际研讨时间。高二17班通过家长自主报名、班主任与任课老师共同研讨后，从二十多位家长中挑选出了四位具有代表性的学生家长，他们是游立楚爸爸、侯盛华爸爸、曾梓宸妈妈、彭高蒙妈妈。

游立楚家长：

感谢毛老师提供家访的机会，一下午的时间收获满满。我愿意跟孩子一起，定好目标，落实行动细节，表扬及认可其过程努力程度，好的结果一定能实现……

曾梓宸家长：

非常感谢毛老师提供家访的机会，我收获很多，要好好收拾心情和孩子一起努力了！谢谢！

彭高蒙家长：

非常感谢毛老师和各位老师，我收获满满，更有信心和努力的方向了！

侯盛华家长：

非常感谢班主任毛老师和各位任课老师，今天下午收获满满，针对孩子们的不足，我们有信心把握机会，和孩子们一起努力，争取培养孩子考入理想的大学。

针对今天下午的家访，今晚我和孩子聊了一个多小时，效果不错，多谢老师！

附8：东莞高级中学高二17班第二学期家访速记

2019年4月20日下午，李佳怡爸爸、陆亭方爸爸、黄心咏妈妈、梁淑瑜爸爸、刘馨蔓妈妈五位家长相聚广东省毛经文名教师工作室。东莞高级中学高二班级任课老师李济兰主任、李迅老师、徐俊贤老师、毛经文老师就五位学生的在校在家表现、职业规划与未来发展方向进行了热烈的评论与会诊。集中家访研讨会温馨而充满热情，效果显著，结束时仍意犹未尽。下面分享五位家长的感想。

刘馨蔓家长：

4月20日下午，在毛老师的精心组织下，我们班自主报名的五位家长和五位任课老师相聚在毛老师的名教师工作室，展开了一场极有意义、收获满满的家访活动。

首先感谢老师对工作的负责，感谢老师对孩子们的关爱，更感谢老师的辛勤付出！

家访中，毛老师对五位孩子的学习情况分别做了详细的汇报、分析及方向规划。称赞了孩子们的优点，让我们为孩子的优秀表现而倍感欣慰，当然，他也直言了一些不足，并针对孩子的不足提供了行之有效的实施方案。随后，各位资深的任课老师热情洋溢地轮流分析了孩子的学科学习状况，就当前的学习任务、方向都做了具体的阐述和指导，令我们受益匪浅。

我们家长深深感到，家长能与老师敞开心扉交流，了解老师们的苦心，领悟其教育方法，还教会我们家长一些科学的教育方式方法，有理有据地转变我们家长的一些教育观念，对孩子的心理健康教育起到事半功倍之效，并通过与老师的交流，更好地和老师配合，共同关注孩子的学习及成长，真正达到“润物细无声”的效果。

通过这次家访，我们信心满满，希望能陪伴我们的孩子一起克服困难，全力以赴向理想目标奋进！

李佳怡家长：

首先非常感谢毛老师精心组织这次“茶点式”的家访会，也感谢政治老师李主任、语文老师杨老师和英语老师徐老师牺牲个人的休息时间，亲临毛老师名教师工作室与我们五位家长共同交流和探讨孩子的教育问题。同时也感谢高二17班其他任课老师的辛勤付出和谆谆教导！

虽然我们家长平时就孩子的学习生活情况与班里的老师也有一些沟通交流，但是一般都是通过电话或微信等非正式方式。而昨天，毛老师组织的特色家访，以“面对面，零距离”的座谈，让我们更详细地了解孩子在学校的各种表现，也让老师了解学生的家庭环境、生活和学习情况，交流互通，知此知彼，从而更有针对性地采取有效方法因材施教，促进孩子更好地健康成长，达到共同对学生进行教育的目的。同时，我们家长也更多地了解到其他家长是如何教育孩子的，也能从中取长补短、学习进步。

在参加家访会之前，我准备了很多问题想咨询老师，其中有一条就是向老师讨教一个事半功倍的学习方法。其实，从古代到现代、从校内到校外、从孩子身边的历届师哥师姐们可以看出，能考上“双一流”大学的，都离不开“勤奋”两个字。每天多读多背，大量的练习题，才能从不知道到知道到熟能生巧到应付自如。学习没有捷径，只有以勤为径。勤奋好学，熟能生巧。

高考是人生的一次洗礼，它离我们越来越近了，愿同学们分秒必争。同学们、老师们、家长们，我们同在，迎接挑战！

黄心咏家长：

孩子已经处于高二学年中末期了，我们也感到高考时间日渐逼近。我想通过这次家访会谈了解孩子在校学习、生活上的一些情况。

虽然天气较差，但我们坚持冒雨准时到达。首先非常感恩到场的几位任课老师，用宝贵的时间接待了我们5位家长。家访会谈的气氛是愉悦融洽的，通过这次交流使我了解到自己的孩子在课堂学习上欠缺主动，与老师缺少交流。回来后我反思自己的教育方式。从现在开始，我们应该为孩子营造一个融洽、温馨的家庭氛围。在学习上我们虽然给不了孩子太多的帮助，但在日常生活中我们可以多做一些她喜欢吃的食物，让她的身体营养得到补充，多关心她的身体健康状况，可以适当带她外出放松心情，让孩子劳逸相宜，取得更好的学习效果。

正如毛老师所说：学习没有任何捷径，唯有勤奋、专注、有恒心，才是最踏实的有效途径。各个学科都需要孩子多做题、多背知识点、多默写重要词句，现在最保险、最有效的方法还是跟着各科老师的节奏学习。

最后，我们还要衷心地感恩各位辛勤付出的老师。老师们，你们辛苦了！感恩！

陆亭方家长：

很荣幸可以参加这次家访，在和各科老师、家长的聊天过程中，让我深深地了解到作为一个高中生的家长，我做得远远不够，比如对孩子的陪伴、引导、关爱等。

在与老师的沟通中，我了解了孩子在学校的生活和学习情况，了解到老师对亭方学习的认可。作为父亲的我以她为荣，希望她能继续努力。

这次的家访让我了解到我们班级的各科老师都是行业精英，有着丰富的教学经验，让我对孩子的学习更有信心了。我要做的总结为以下几点：

（1）给孩子定下目标。

（2）更多关注孩子学习，哪科落后及时调整。

（3）要求孩子多背书。

（4）多鼓励孩子，耐心陪读，检查到位。

（5）时刻关注孩子心理发展。

共同成长，共同学习，为了孩子未来的发展加倍努力，感谢各科老师，特别感谢毛老师对孩子的付出！

梁淑瑜家长：

我对能参加这次家访感到很荣幸，很感谢毛老师给我这个机会，感谢四位老师牺牲个人的周末休息时间进行家访，使我收获颇多，有深深的体会。

（1）每位任课老师既有自己个人独特的教学风格、独有的教学方法、丰富的教学经验，又对学生非常有责任心，感恩我的孩子能幸运地遇到这些极其优秀的教师。十分期望我的孩子能虚心地、积极地听从老师们的教导，坚定不移地跟着老师们的指挥走，走出一条自己的光明大道。

（2）从和老师们的交流中，我明白了高考竞争激烈，甚至残酷到“分分秒杀”。希望我的孩子清楚地认清现实，有竞争意识，自信满满，不要小看自己，绝不气馁，靠自己打拼一片天地，坚持不懈地多背、多默、多写、多练，把基础知识记得牢、做得熟。“宝剑锋从磨砺出，梅花香自苦寒来”。

（3）听了老师们和其他家长的育儿故事，希望我的孩子在学习中松弛有度，就是既要勤奋学习，又要适当多做运动，锻炼身体，放松自己，保持头脑清醒灵活；也希望她抛开心底枷锁，抛开以前不开心的事，重拾快乐心情和学习信心，做回以前活泼好动、乐观开朗的女孩，每天轻装上阵，专注地打完高考这场硬仗。

附9：东莞高级中学高三17班第一学期家访速记

2019年12月21日下午，根据学校统一安排，一学期一次的家访如期进行。为了提高家访效率，让更多的孩子受惠，高三17班把家访地点统一定在东莞高级中学行政楼五楼广东省毛经文名教师工作室，冉静祺父母、袁颖萱妈妈、廖婧爸爸、侯盛华父母、罗慧冰妈妈等七位家长与政治名师李主任、语文名师杨老师、班主任毛老师等就子女教育问题进行集体研讨。家访畅谈会期间，老师们认真倾听家长对孩子的要求和期待，以及教育上碰到的迷茫和困惑，结合孩子们的在校表现，一一解答了家长们心中的疑虑和担心，在与家长面对面的沟通中，一同分析学生在学习中的优势和不足，帮助学生正确定位，共同确立之后的学习目标。通过这种特殊形式的家访，一方面向家长通报孩子在校的学习、生活情况，宣传了正确的教育思想，帮助家长掌握教育子女的科学方法；另一方面加强了老师对孩子的家庭状况和他们在家学习、生活情况的了解，拉近了家校距离，促进了家校共育的良性循环。

下面分享五位家长的家访感想。

冉静祺家长：

2019年12月21日，虽然时至深冬，但莞高校园内却是处处花色、春风物语。

下午两点半，17班的家访会如期在毛老师工作室召开。这一刻，等得有些久，却来得刚刚好。因为前几期就想报名参与，无奈家长们太过踊跃，而且名额有限，今次有幸抢到头名，终于有机会向老师们学习、与家长们交流。

未入君室，先闻书香！在走廊上就强烈地感受到了毛老师工作室厚重的文化底蕴与树人育人的高尚德行，实乃学生之福、社会之幸。

早闻毛老师教学团队的育人恰如细雨润物、春风化雨，今日亲访，果然名副其实，我深受教诲与启发。

老师们首先介绍了学生的在校情况，并精准指出了每个孩子基于品格与学业成长仍然存在的问题。其次，由家长介绍孩子周末回家后的表现，包括学习、作息、娱乐等，最后由各科老师给出改善的方向和方法。

老师们时而谈笑风生，如轻风拂面般指点迷津；时而低头沉思，将繁复化为简单；时而妙语连珠，于困境前使人豁然开朗。

聆听中，我们忘记了时间；交流中，我们忽略了困顿。不知不觉，几个小时匆匆而过，相信与会的家长们都意犹未尽，且收获满满。与孩子相处，我们不再迷茫；陪伴孩子，我们方向明确；面对高考，我们目标坚定。

感谢毛老师爽朗的笑声、风趣的引导和举重若轻的全局掌控，我们因此而安心、放心。

感谢李老师的化繁为简，严谨的知识体系和缜密的思维导向，让我们安心、放心。

感谢杨老师的严谨治学，谆谆善诱与严师风范必然育出高徒，我们安心和放心。

感谢爱心家长奉献的爱心糕点和水果，让我们既享受精神大餐又品味美食大餐。

有如此专业且负责的教学团队的教育和教导，加上家长的关爱与陪伴，我们坚信，来年的高考必然成果丰硕，预祝孩子们都考上自己心仪的大学。

廖婧家长：

星期六下午，我到东莞高级中学参加了广东省毛经文名教师工作室组织的家访会，让我受益匪浅！对班主任毛老师以及其他任课老师的工作又有了进一步的了解，深刻体会到了他们为了孩子们的成长付出的感情和心血，也认识到家庭配合教育及家庭氛围对孩子成长的重要性，学到了如何培养孩子独立自觉的学习方法及良好的学习习惯，而且也让我认真反思了过去教育孩子的不足。

这次家访会，历史课毛老师、政治课李老师、语文课杨老师都针对自己所教科目讲解了各科掌握学习内容的重要方法。系统地分析了孩子在高二到高三阶段考试中的状况，分析容易做错的题型和发生错误的原因。针对每个孩子比较薄弱的环节，提出了期望改善的方面和应对的措施。班主任毛老师除了总结孩子学习上的一些问题及方法外，还重点强调课堂上要认真听讲，老师每一堂课都是花了很多心血和时间备课后才进行教学的，营养最丰富，孩子们千万不能浪费。家长要配合老师提醒孩子，督促孩子保质保量地完成作业，及时认真地检查并签字，督促孩子要多读、多背、勤练、勤写，做到勤奋、专注、有恒！

毛老师向家长们反馈了孩子们在学校的表现情况、和同学的相处关系、日常作息饮食等方方面面的情况，事无巨细，娓娓道来。李老师和杨老师重点讲评了孩子的课堂表现和作业完成情况，让家长们对自己的孩子有了全面的了解。

通过家长会的沟通和交流，我深刻感觉到，家长应有平常心，正确地看待学生的成绩，孩子每次考试回来，不要只盯着考试成绩，努力学习的过程很重要！要帮助孩子分析错题的原因，是学习态度上还不够端正，还是学习方法还有待提高，对于不懂的要分析透，鼓励孩子独立思考、及时纠错，让孩子理解，学会为止，树立自信心。看到的孩子进步，要及时鼓励表扬。要多关心他们，与他们交流，多倾听他们在学校中的表现，督促他们养成良好的学习习惯等。要学会欣赏、宽容、理解孩子，擅于使用表扬和批评的方法，懂得沟通孩子的逆反心理。

最后我深深感谢毛老师的良苦用心，组织了这次家访会，让老师和学生家长有了面对面沟通的机会。十分庆幸孩子们在高中阶段遇到了毛老师、李老师和杨老师等好老师，让他们明白了做好人、读好书的道理。距离2020年高考只剩下168天了，今后我必须配合好老师们的工作，加强和老师们的联系，做好孩子的后勤保障，希望孩子考上自己理想的大学。

再次感谢老师们的辛勤付出！

袁颖萱家长：

这次家访中，与老师和几位家长互相认识，面对面交流。我们谈了很多，同时也收获很多。

毛老师介绍了我女儿在学校的学习与生活情况。作为家长，我对毛老师组织的这次家访活动表示热烈的支持，对毛老师们的辛勤付出表示由衷的感谢！

毛老师、杨老师、李老师都一致称赞女儿，让我们为女儿的优秀表现倍感欣慰。同时，也直言了女儿的一些不足。我们回去也要与女儿交流这方面的问题，希望女儿能尝试改变一下自己。

我在教育孩子方面，有很多地方做得不够好，我也要尝试改变一下自己，不断地学习，不断地反省自己，让自己不断地成长，成为更好的自己。希望我女儿也一样，先做好人，学习好，成就更好更优秀自己！

侯盛华家长：

今天下午能够参加家访会是我们的荣幸，非常感谢学校和班主任毛老师的精心安排，老师们能在百忙中抽时间和我们交流，使我们家长能够及时了解到孩子们的优点和缺点，并对孩子们学习的一些状况进行交流，得到老师们的热情帮助和指导，并且分享了班里优秀同学的勤奋学习方法，收获丰厚。当晚盛华去理发的时候，很主动地带上了一份复习资料。高考临近，希望孩子们考上理想的大学。再次感谢毛老师、政治老师、语文老师等其他科目老师，你们辛苦了，感恩！感恩！

罗慧冰家长：

尊敬的毛老师：首先非常感谢您组织这次家访会，让我深入了解了慧冰在学校的表现，增进了家长与各位老师的感情，让孩子知道了老师和家长对她的关爱与关怀，给她最大的鼓励与支持，使孩子得到明确的方向与目标，向未来做最后冲刺。恰逢今天是冬至，广东有句老话：“冬至大过年。”祝老师、同学们冬至开心快乐！

3. 有序的自我管理

班级的和谐运行和协调发展是建立在有序自我管理的基础上的，其特质主要表现为：运行中的成员处于主人翁的角色，主动评价往事；在创造既有民主又有纪律的班级运行中表现强烈的责任感和使命感；个体的身心、情理、德智、言行、识能协调发展；宽容大度、坦诚无欺、友善待人、淡泊名利、心态健康；理性与激情有机交织；学生每个人的和谐为整个班级乃至整个社会的和谐提供了条件。并且有一支受大家拥护且形成具有一定权威的领导层能把班级运行中的个体成员结合成一个有机整体，起着黏合剂的作用。其显著性标志是：学生的工作独立性逐渐加强；多种自我管理机构趋于协调；运行中的民主和纪律水平逐渐提高；自我管理机构逐步向创造精神焕发的自适系统发展；善于把较为抽象的中景、远景目标加以具体化，确立当前应当完成的任务和相应的活动，发挥目标的动力作用；有效控制目标偏差，随情况变化而调整活动；正确评价自我管理活动的效果；有序的自我管理要求根据学生的年龄、班级运行的特色和具体活动目标条件进行适度控制，既不能越权，也不能放任自流，着重在指导上下功夫。班主任的作用如下：

一是“啦啦队长”。一支球队在比赛中获胜，“啦啦队”的助威作用是不可忽视的。要经常为班级工作打气鼓劲，对开展的每一项活动或布置的每一项任务，都要寻找机会宣传动员，为成功组织每一次活动摇旗呐喊。

二是“场外指导”。即使是一支精悍强干的队伍在球场上龙腾虎跃，“场外”也少不了一个多谋善断的“场外指导”为他们出谋划策，或启发，或暂停，或面授机宜。

三是“随队医生”。当班级在运行中出现一些问题或矛盾时，要当好“随队医生”，帮助学生分析问题产生的原因，研究改进的方法，及时诊治。

四是“后勤部长”。在班级运行过程中，运行组织不仅需要心理上的支持，同时也需要物质上的保障，应积极主动为班级运行准备好“粮草”。

如学生的自我鞭策誓词和班主任的誓言，有效地加强了生生、师生、家班的规则意识。

附10：东莞高级中学高二17班自我鞭策誓词

在我的人生字典中绝对没有“放弃”一词，我的性格就是坚持与坚韧不拔，只要认准了一个目标或者认准了一种品质，在观念与做法都是正确的基础上，那就一定要坚持到底，不能有任何放弃的理由与借口。只有坚持不懈与再接再厉，才能跨过不幸遭遇的万丈深渊，才有希望到达成功的彼岸。品高、德厚、人和是我们人生的基础，勤奋、专注、有恒是我未来立足的好习惯，坚守之，一定会让我拥有精彩的人生！

4. 健全的规则理性

和谐班级的运行和发展，必须有一套符合组织目标的、抽象的运行原则，它界定了班级和谐运行的程序和要求以及内部诸要素之间的关系，是班级参与活动的准则，在运行过程中具体表现为健全的规则理性。

规则是现代班级和谐运行的基础，也是基本精神和价值选择，能最大限度地寻求利益的平衡，尽可能地消解冲突，以维护多方的利益为基础，建设和谐关系，追求正义、公平和平等，讲究社会成员间利益的平衡与协调，是刚与柔、疏与密、宽与严的均衡配置。和谐运行班级中的规则体系主要涵盖了以下三个方面：

一是国家法律、学校规章制度呈现出强制作用。班级内的规则是通过制度性约束来实现它的有序运行，追求内在的制度性和谐，并以此为基础化解矛盾，消除冲突，形成共同的价值观念、道德追求，实现行为选择的协调。可以说，在法律、制度的规制下所形成的合理班级主体关系体系和行为体系，井然有序，和而不同，运行中的协调性、有序性、平衡性、完整性和谐而错落有致。它要求我们以法治的精神改革和更新学生的管理机制、激励机制和制约机制，自觉贯彻现代社会法治的基本人权保障原则、权利救济原则、正当程序原则、权力公开公正合法行使的原则，结合班级实际进行制度创新，建设更加合理、公正和人人心情舒畅的和谐班级。

二是建立在国家法律法规基础上的体现班级特色的、有形的规章制度呈现出有形作用。规章制度通过约束学生的行动来介入班级的和谐运行，它的作用是有形的。如17班通过制定评选“勤奋最美”“专注最美”“有恒最美”的标准与条件，使班级的行为具有某种导向性和行动协调一致性，通过内在维持模式和外在维持模式两种形式使学生学习、模仿、理解规章制度，并将规章制度内化于自己的意识当中，自觉遵照规范行事；得到不同程度的暗示，产生学生间的相互模仿，形成一种积极的压力，这种压力使大多数学生表现为“从众”而逐步形成规范行事的习惯，即被动执行规范——较自觉执行规范——自我定出规范并内化成自觉行动的良性过程。

附11：“勤奋最美”“专注最美”“有恒最美”评选资料

东莞高级中学高二17班第一届
“勤奋最美”“专注最美”入选者颁奖词

2018年11月2日，东莞高级中学高二17班经“模糊数学”民主票选，下列同学获得第一届“勤奋最美”“专注最美”称号，特此祝贺！

希望班级同学以他们为榜样，尽快用自己的勤奋和专注走向成功的彼岸。

一勤天下无难事，人人学习曾国藩。

第一届“勤奋最美”称号入选者

王倩娴：

科比有凌晨4点练球的刻苦，倩娴有努力拼搏的勤奋，所以她成为那个拼尽全力的奔跑者。下足了曾国藩那样的苦功，拼尽了全力，大步奔跑，不断挥手示意，始终不渝地微笑，在奔跑中遇到了她的梦。勤奋的王倩娴最美！

郭倩怡：

世界上没有什么困难是勤奋克服不了的。每天八小时的固定学习时间，远远不能满足郭倩怡想要学习的心。无论何时，无论何地，都能看见她学习的身影，或是清晨、或是黎明，或是宿舍、或是食堂。勤奋与坚持相结合，也就没有什么能够阻挡她前进的脚步。愿她，也愿我们能够在勤奋中找到更好的自己。

李佳怡：

世上无难事，只怕有心人。而我们班的佳怡同学正是这一位勤奋又努力、热情又专注的有心人。一大早总能在教室里一眼寻到她奋斗的身影；课堂上总能听到她响亮的回答；下课时总会看到她刻苦钻研的专注神情；放学后迟迟不见她离座……她的努力与勤奋令人着迷，她的汗水与回报也总能成正比，她塑造了一个勤奋的自己，也在无形中为我们塑造了一个好榜样。她的努力带动了全班的学习氛围！宝剑锋从磨砺出，梅花香自苦寒来。愿她可以一直带着这份勤奋，不忘初心，砥砺前行！

叶卓妍：

三更灯火五更鸡，正是少年读书时。步履匆匆，她总是那么早到达教室；奋笔疾书，她总是一笔一画写下自己的身影；勤奋刻苦，她身体力行铸就精彩青春。她，叶卓妍，用自己的勤奋点亮了十七班。有花堪折直须折，莫待无花空折枝。叶卓妍，好样的！

黄晓青：

在天幕低垂的清晨，校园里便出现她背着书包的身影；在下课铃响后，空荡荡的教室里仍有她奋笔疾书的背影；在课间休息时，她埋头苦读的身影显得尤为突出。那是黄晓青勤奋的模样，她用勤奋的汗水勾画出一幅属于自己的人生蓝图。

第一届“专注最美”称号入选者

王倩娴：

专注是一种至美的境界，学校广播的音乐丝毫无法打扰她学习的心情。倩娴同学是专注的，陷入了深入的淡定，同学的打闹嘈杂声无法影响她学习的决心；倩娴同学是专注的，怀着深邃的执着，倩娴同学在学习上达到了物我两忘的境界。专注的倩娴最美！

郭倩怡：

都说一个人专注于一件事的时候是最美的。的确。看！郭倩怡陶醉于背书的样子多么迷人。她一边大声朗读着，一边用双手比画着，成为班级里一道亮丽的风景线。书山有路勤为径，学海无涯苦作舟。心无旁骛，全神贯注，是她，也是我们在学习中应追求的最佳状态。

李佳怡：

做更好的自己，而不是完美的别人。佳怡同学，你的努力与专注大家有目共睹。在学习上，你是全优学生；在劳动上，你是劳动模范；在面对生活的种种困难时，你是积极的乐观主义者。读书时朗朗上口，声声入耳，专注使你更加投入，记得更牢固！他人的喧嚣无法遮蔽你内心的声音、思想和直觉，专注是你的好习惯。八月长安曾说：“不是所有的坚持都有结果，但总有些坚持，能从一片冰封的土地里，培育出十万朵怒放的蔷薇。”佳怡的学习精神值得全班学习！向佳怡看齐！

叶卓妍：

家事国事天下事，事事关心；风声雨声读书声，声声入耳。天变日变雨变风变，不变的是你好学的心；一天两天三天四天，天天都是你专注的身影。叶卓妍同学，勤奋地学，用心地听，专注地写。你一步步向我们走来，用你超乎常人的专注力为自己撑起一片蓝天，为十七班绘出一道风景。

陆亭方：

那笔直的身影，专注的面容与坚定的意念，常常浮动在你的身旁，那是你陆亭方拼搏的模样。置身于喧嚣中的你，总带着遗世独立的气场，在浪潮中默默努力、暗暗较劲。你的进步对得起你的专注，你的荣誉对得起你的专注。确立好目标，剩下的便是你战胜风暴、帆起桨落的努力了。

东莞高级中学高二17班第二届
“勤奋最美”“专注最美”入选者颁奖词

2019年7月6日，东莞高级中学高二17班经“模糊数学”民主票选，下列同学荣获第二届“勤奋最美”“专注最美”称号，特此祝贺！

希望班级同学以他们为榜样，尽快用自己的勤奋和专注走向成功的彼岸。

一勤天下无难事，人人学习曾国藩。

第二届“勤奋最美”称号入选者

高清源：

走廊上浑然忘我地背诵，教室里奋笔疾书的身影，那张薄薄的签到纸上，你到达的时间越来越早，课余的几分钟也多半用来学习，我们与时光一起见证了你的努力。这么长的时间里，你一点一滴改变，去拥抱那个更勤奋、更美好的自己。勤奋下去吧，相信厚积薄发总好过一曝十寒。三年磨一剑，笑到最后就是赢家！

袁颖萱：

每一缕清早的阳光伴着你，每一抹正午的骄阳伴着你，每一缕傍晚的霞光伴着你。觉后不知明月上，满身花影倩人扶。是勤奋让你见到每一天最美的风光，相信你的勤奋会让你遇见更美的风景，遇见更好的自己。

付艺帆：

你，不是班级里最亮的那颗星。但勤奋的你，成为班级最亮丽的那道风景线。勤奋，是你学习的引擎，在前进的道路上势不可挡。人生在勤，不索何获？你的收获，成就了你的高度。孜孜不倦地学习，不断拾取果实时，便是你最美的样子！

陆亭方：

人生最精彩的不是实现梦想的瞬间，而是坚持梦想的过程。书山有路勤为径，学海无涯苦作舟。星光不问赶路人，时光不负有心人。始终如一的勤奋、专注、有恒，那是你最美的样子。心怀梦想，继续前行，兴致盎然地与世界交手。

艾叶青：

夕阳斜照着倚在栏杆边背书的你，正照着你看的那一行文字。文科综合卷子上，你密密麻麻的字迹，总令我望尘莫及。下午到晚上的时光总是很短，而你却用效率和勤奋将它拉得很长很长。你卷着厚厚的练习册低头背书的样子、你上课默默念叨的样子，都是我们正在努力追逐和靠近的美好。

张雅萱：

清早，晨曦总能见到你伏案苦读的身影；午后，微风必会跟随着你的脚步，陪你埋头于题海，举旗奋战；傍晚，斜阳陪伴着你一步一步前进。你的勤勉，必会使你的天赋像火花一样迸发出耀眼的光芒。

第二届“专注最美”称号入选者

黄晓青：

落日的余晖轻轻地洒在你的身上，一切都显得那么平静而美好。无论环境多么吵闹，你都可以一如既往地专注。好学的你，“家事国事天下事，事事关心”。在教室里，一眼望去，你的背影都在透露着“专注”二字，求学时坚定的眼神也透露着你对知识的渴望与对未来的向往。这也是你最与众不同、最可爱迷人之处。

傅苡钊：

明亮的灯光，映照在你宁静的脸庞上；彩色的颜料，涂抹在那洁白的画布上。太阳升起又落下，星星眨眼不说话。专注的你，用汗水将黑夜照亮，用专注在日间绽放。我看到阳光正好，微风不躁，一个少年在桌案上写写画画，时光在这一瞬间定格，在下一个明天开出美丽的花。

高清源：

背书时的凝神念诵，做题时面带疑惑的神情，这样专注的你，确是我们眼中一道亮丽的风景线。随着时间的沉淀，你也逐渐沉静，耳边的喧闹与你无关，你一人便自成一个世界。这样专注的过程，也是你迈向成功的过程。哪管雷雨交加，既然选择了远方，便只顾风雨兼程。

袁颖萱：

低头，是你专注书写的模样；抬眸，是你专注背诵的身影。青春是从林，是荒原，是阳光炙热的奔跑，是大雨滂沱的伫立。无论怎样的你，都是专注的、认真的，未来的你一定会感谢今天的自己。因为对未来最大的馈赠，就是将一切献给今天。

艾叶青：

总是看见你将厚厚的作业本放在腿上，笔尖在纸上不断飞舞。解题时的你，像是苍穹里的猎鹰俯视大地，像是睥睨沙场的将军，像是运筹帷幄的谋士。你可能早已知道，专注是走向成功的通道。真正的霸气，并不是在外表上佯装成熟，而在于你头脑中那片海洋的深度与广度。知道你什么时候最好看吗？就是低头思考数学题的时候。

张雅萱：

天下之事有难易，为之，难者易矣。你全身心的投入、从不抱怨的心态、专注有恒的每天，必会成为成功道路上伴你终身的利刃，助你劈荆棘，破万难。相信“苦心人，天不负。有志者，事竟成”。天道酬勤，人道酬诚，你必会由雏鹰化为飞向苍穹的雄鹰。

东莞高级中学高二17班第一届
“有恒最美”入选者颁奖词

2019年7月6日，东莞高级中学高二17班经“模糊数学”民主票选，下列同学荣获第一届“有恒最美”称号，特此祝贺！

希望班级人人以他们为榜样，尽快用自己的勤奋、专注、有恒走向成功的彼岸。

有恒就是把一天天的勤奋和时时刻刻的专注长久坚持下来！

郭倩怡：

“拂石坐来衣带冷，踏花归去马蹄香。”清晨坐在楼梯间默默背记的身影、午后早早来到教室奋笔疾书的背影、傍晚靠在走廊边小声读书的剪影，日复一日，年复一年，校园的角角落落都烙下了你的足迹。你用你的持之以恒向我们诉说着这个美好的夏季。若问热血的青春是什么样子的，我想就是你的样子吧。

李佳怡：

“退笔如山未足珍，读书万卷始通神。”有多少个日夜，你奋笔桌前；有多少个春秋，你倚窗沉思。或许努力并不能改变什么，但你让我看到了有恒的模样。它是你口中的声声诵读、纸上的笔笔涂画、成功后的一个个笑颜。坚持努力，崇尚有恒。如果奇迹真的存在，那应该是有恒的另一个名字。

袁颖萱：

千仓万箱，非一耕所得；干天之木，非旬日所长。这世间最难得也最可贵的品质就是有恒，开始做一件事很容易，但坚持做完一件事却很难，而这种坚持不懈的品质你恰好具备。星光不问赶路人，时光不负有心人。

叶卓妍：

“锲而不舍，金石可镂。”坚持一下，成功就在你的脚下。你持之以恒，不断地挑战挫折，克服困难；你孜孜不倦，反复地刷过一遍又一遍试题；你全神贯注，不为外物所扰，专注做好每一件事。你为我们演绎了什么是奋斗拼搏的青春，相信你一定会拥有灿烂的明天！

王倩娴：

成大事者必是有恒者。高一高二的坚持学习，成就了你的优异成绩，你对学习不曾改变的热爱值得我们学习。即使学习路难行，却也不曾动摇你学习的决心。愿你“长风破浪会有时，直挂云帆济沧海”，探得学习路上最美的风景。

张雅萱：

那一张张白纸上记录着每天6：30的历史。你总是埋头于题海之中，漫游于语文的海洋。你每天脚踏实地，积跬步而至千里。积土成山，风雨兴焉。你的有恒坚持必会为你的成功之路装点几许，必定许你万丈光芒。

三是无形的健康舆论或心理默契所表现出的民主氛围呈现出无形的作

用。班级和谐运行和协调发展需要有强大而健康的舆论来肯定或否定班级运行的动向和成员的言行，它所呈现的作用是无形的，可以使成员自觉地调节个体和集体的关系，改变与之不相适应的行为。健康舆论和民主氛围的形成是班级和谐运行的重要标志。民主氛围是与学生自由度和民主化程度正相关的，与学生的压抑程度负相关。班级要确保学生的言论自由，允许学生适度发泄，健全宣泄机制；要有将多数人意愿转变为公众认同的机制，并成为公众实际的权利与行为。

如高二年级17班第一学期第一次月考后，班主任布置了一份亲子作业，让家长一定按时保质保量完成，据学生回校后反馈，效果显著，激动人心。

附12：月考之后给家长的几点建议

各位家长：

你们好！

今天下午四点，学生上完第七节课后即放假回家，请家长按时接送孩子并注意行车安全。第一次教学质量检测成绩已全部出来，高二17班大部分同学的学业成绩和年级名次均有不同程度的上升，数学有巨大的进步，语文也有较大程度的提高，历史和地理继续挣分，英语和政治正在发挥自己的特色，呈现良好的上升势头。最为重要的是，努力学习与勤奋拼搏的班风正在强势形成，“一勤天下无难事，人人学习曾国藩”已成为全体班级人的基本共识，走出危机的“九大要求”逐步成为他们勤奋学习的行动纲领：

“毛家班”班级目标“一年填坑，两年雄起”中的“一年填坑”很有希望实现。鉴于本次考试是高二年级第一次检测，本班级更需要家长的理解与鼓励。为此，班主任毛老师谨向各位家长提“十个一”建议。

1. 聊一次不生气的天。孩子的考试成绩不是不良情绪的宣泄口，微笑迎接学子归来，就像迎接凯旋的常胜将军！

2. 时常记住孩子一次一次的好。孩子是自己的好，尽量不拿别人家的孩子说事。

3. 给孩子一个温暖的拥抱。父子之间更需要！

4. 说一句“我理解你，我看好你”的话。爱要大声说出来！

5. 分享一次快乐。多听少说，开心快乐地分享孩子在学校的各种表现！

6. 分析一科以上的成败得失。平时考试的目的在于总结经验教训。

7. 可以满足孩子一次正当的要求。勤奋路上的孩子也需要偶尔放松一下，文武之道一张一弛！

8. 教导孩子做一项家务。

9. 带孩子看望一次长辈或做一件好事、善事。

10. 陪孩子一起展望下次考试的目标。在仰望星空中告诉孩子一定要脚踏实地。

综上所述，以17班为代表的“后进班级”，其和谐运行和协调发展能产生一般群体所没有的新质功能，具有全面对应、全方位作为的强大功效和不可替代的奠基功能、中介功能、推进功能和整合功能，是校内外多元、多角度力量的交织点，对班级个体有着重大的陶冶和制约作用。它在运行过程中能够集中个体成员的一切优点，并以最佳的方式发挥出来，弥补个体成员的某些不足，使之扬长避短。利用和谐运行和协调发展中所产生效能远远大于单个个体去提高素质和工作效率简单聚合的优势，使班级之间互相关心、相互帮助、相互谅解，形成一种乐观舒畅而又催人奋进的气氛。因此，研究后进班级的和谐运行和协调发展规律，具有重要的实践意义和操作价值。

十八，是一辆刚刚出厂的“红旗车”

——成人礼寄语毛家班46位学子

十八岁，意味着我们应该有理想、有情怀、有追求、有执行力，知道自己想要什么，有为自己理想而拼搏的专注与恒心。如果把十八岁的学生比喻为一辆即将下线出厂的国产红旗牌轿车的话，它就有两大系统：一是动力系统，二是制动系统。动力系统需要我们不断完善和加油，这项工作，由外而内。长辈、父母、社会、学校、个人等，都在持续不断地努力为车加油。在这一点上，十八岁前和十八岁后并没有本质上的区别。那么，十八岁的标志和转型到底是什么呢？法律为什么规定十八周岁起，可以独立进行民事活动，是完全民事行为能力人？其实，法律就是在明确告诉你们，十八岁了，社会相信你们已经拥有了与动力系统相匹配的制动系统。也就是说，你应该拥有了性能良好的刹车系统，动力系统与制动系统基本平衡了。基于此，我想向46位新晋成年公民提三个建议：

一是选对道路。人生如开车，方向比努力更重要。因为人生的方向与平台很重要，如果你觉得错了，请及时刹车调整，及时止损，及时纠偏校正，不要一条道跑到黑。欲望是油门，不可放纵；知足是刹车，克制膨胀。张弛有度，浓淡相宜，做对的事情永远比把事情做对重要。

二是善于控速。开车起步靠勇气，但刹车却靠智慧。在人生的城市间穿梭前行，善刹车体现了一个人的控制力和格局。当你一路绿灯时，那不是你的才华和本领，那只是运气好，大可不必膨胀。当你一路红灯时，也大可不必沮丧，磕磕绊绊、红灯绿灯、交通堵塞才是人生常态。等红灯时，候车就像一个专属于自己独享的空间，与内心做伴，可以用来省察审视自己的人生。静下心来，保存实力，借机观察车外的世界，笑看百态社会。做到不抢红灯、不弯道超车、不超载超速，晚一点回家比永远回不了家好。

三是努力前行。人生十八，正值高三，而高三恰恰是撬动人生逆袭最省力的杠杆，是人生弧线上升的最美虹桥。高三是一片海，海中的每一次日出、每一层涟漪、每一片乌云、每一袭狂风巨浪都是美丽动人的成长故事。所有的努力与苦读，是为高考释放自己的全部实力，并为未来的人生奠基。几度怀揣梦想只为放飞希望，几度挥洒汗水只为奏响凯歌，几度辛勤耕耘只为金榜题名。想甜蜜，就得把自己脱胎为采蜜蜂，勤奋撷于书香；要遨游，就得把自己砥砺成水中龙，专注于书海。当我们一次次尝试从此岸到达彼岸时，我们才有资格、有能力、有实力去征服它、拥抱它、超越它。今日得遂凌云志，青云路上九霄冲。当然，高三最重要是经历、是挑战，无论是焦虑与恐惧还是激动与自信，无论是失败痛苦还是成功快乐，都是人生与成长不可缺失的财富。

各位新晋成年公民，十八岁的花样年华恰巧与高三相逢、相知、相守。在“红旗牌轿车”下线出厂开始独自上路、与父母师长渐行渐远的时候，毛毛“老司机”想进一步对你们说：

第一，今天多几分准备，明天少几分麻烦。如果你渴望高考成功，那么恒心是良友、经验是参谋、小心是兄弟、希望是哨兵。没有挥洒汗水，就没有成功的泪水。行动是成功的阶梯，行动越多，登得越高。含泪播种的人一定能含笑收获。不选择放弃的路，不拒绝坚持的路。高考最大的“破产”是绝望，最大的资产是希望。世上没有绝望的处境，只有对处境绝望的人。只要路是对的，就不怕路远。如果远方模糊，先完成身边的清楚事。追悔过去，不如立足当下。

第二，人生成功，不在能知，乃在践行。勤奋者，自有千计万计；懒惰者，总说千难万难。想要更多的玫瑰花，就得种更多的玫瑰树。山顶上的成功者，往往是同行者睡觉时依然在一步一步地向上攀爬。忍平常所不能忍的痛，吃凡人所不能吃的苦，就能获得平凡人无法企及的成功。

第三，一事精致，便能动人。庄子记载过孔子与驼背老人捕蝉的故事：孔子适楚，于林中见一个驼背老人，老人用竹竿粘取蝉，就像在地上捡起一块小石头一样容易。孔子惊讶，询问老人是如何做到的。老人说：“我在竹竿头上叠放着两个泥丸，练习移动竹竿而不让泥丸掉下来，经过五六个月，练成后我去粘蝉，很少有失手的。我粘蝉的时候，身如断树桩，手臂如枯树枝，天地之大，万物之多，而我只盯着蝉的翅膀，其他一概不理会，怎么会粘不到呢？”孔子赞叹老人“用志不分，乃凝于神”，一门心思做好、做精一件事情，则能出神入化。

第四，成功是最后一步，前面九十九步都是积累。胡思乱想可以让主意多多、方法精妙，但没有实际行动，却解决不了任何问题、办不成任何事情。苦想没盼头，苦干有奔头。再长的路，一步步也能走完；再短的路，不迈开双脚也无法到达。拾起掉在地上的针，需要低头弯腰；吃挂在脖子上的饼，需要用双手捧起。想摘玫瑰，必先折刺除棘；想走坦途，必先劈山填壑；想看天明，必先忍受黑夜的孤寂；想金榜题名，必先倍加努力。一点点积累，一步步前进，一滴滴汇聚，积一时之跬步，臻千里之遥程。天道酬勤，丰硕的果实永远属于那些坚强不屈、自强不息的耕耘者。把弯路走直的孩子是聪明的，因为他找到了捷径；把直路走弯的孩子是智慧与豁达的，因为他比聪明的孩子多看了几道风景，人生没有白走的路与白吃的苦。

希望高三17班46辆“红旗国产车”（其中一辆“转销”香港）在高三这一年的时光远行中，于快乐中穿梭，于幸福中沉淀，于美好中发酵，于互动中提升，于优秀中卓越。希望你们在高三拼搏的道路上，生活像蜂蝶飞过花丛，像清泉流经山谷，像流光溢彩的画页，像一阕跳跃着欢快音符的乐章。懂得感恩，铭记责任，乐于奉献。考得好时淡然，发挥失常时坦然。在拼搏高考的路上，始终肩并肩、手牵手，向着共同理想，吼出共同心声：相约“双一流”。

今日一别新征程　从此莞高变母校

——毕业典礼赠言2020届高三17班

各位优秀学子：

你们好！

在你们毕业离校之际，班主任毛老师因为送内高班学生回新疆而无法参加你们的毕业典礼，在此向你们说声抱歉！我有时在想，假如我没有被学校安排送新疆同学回新疆，参加了你们的毕业典礼，我会不会老泪纵横呢？说实话，我真的不敢保证。今日一别新征程，从此莞高变母校。不能躬行见证与送别，那我就用文字“老生常谈”三个关键词：铭记、感谢、希望，以此送上浓浓的祝福与希望！

1. 铭记“毛家班”是我们成长的共同体

2020届高三17班，虽然被我们自己调侃为“毛家班”，但的确值得我们铭记。它不但是一个学习与拼搏的共同体，更是一个我们成长的共同体。这个共同体犹如一个力量的增压阀，让我们团队中的每一个人都变得比单独一个人时更强大，高密度激发出了17班的潜能。当我们在相互传递“17班共同体”这个概念时，我们的感觉是很美好的。因为在这个共同体里面，我们有着共同的关注点，以及对成功成材和成长成人的热情，知识的生动快乐美、和谐韵律美、整体纵横美、真实本真美常常激荡着我们的求学向善之心。让我们像诗人一般浪漫，怀揣一个追求未来的梦想，用细腻的情怀、敏锐的眼光、饱满的热情来积淀人生的智商、情商和逆商，不断读书之旅充满了诗情画意，不断为我们自己的成长架桥铺路、添砖加瓦。

我们热爱17班这个共同体，是因为它关注我们成长路上的每一个琐碎要求，“青青子衿，悠悠我心，但为君故，沉吟至今”。未来，孜孜不倦的学者、知人论世的通者、乐天知命的达者一定会出现在我们之中。因为，17班这个共同体已为我们打开了一道通往智慧世界的大门。

十分庆幸，17班这个共同体曾是我们学业进步和未来发展平台上一个温馨而舒适的家。在这个家中，我们彼此信任、互相依赖、不断交流、共同提高。它不仅仅在告诉我们一个已经获得的世界，更重要的是不断激励我们共同去探寻新的世界。我们每天在一起学习，相互尊重与信任，互相坦诚而开放，不时分享知识与交流思想，发现了相互作用的价值，思考属于我们自己的未来。

2. 感谢“毛家班”46位优秀学子

“感谢明月照亮了夜空，感谢朝霞捧出了黎明，感谢春光融化了冰雪，感谢大地哺育了生灵……感谢收获，感谢和平，感谢这一切一切这所有。”当我们在毕业之际唱着《感谢你》这首歌时，我最想感谢的是“毛家班”46位优秀学子。

感谢我亲爱的孩子们，是你们的突出表现让我们的每一堂课都充满着人生的智慧与精彩。因为在这个充满友好与智慧互动的过程中，我们师生之间相互交流、相互启发，分享着彼此之间的思考和知识，交流着彼此之间的情感与思想。从你们的身上，我们找到了美好事业发展的智慧之源、合作之基、可持续发展之本。

感谢我亲爱的孩子们，是你们飞扬的青春与灵动让我们每天都过得很充实。你们是校园里行走的符号，是老师每天快乐的设计师。当17班的同学把自己的班称为“毛家班”时，我是快乐的。可以这样说，我们老师的每一个日日夜夜和每一点快乐都是你们不断演绎的美妙音符，这些音符都留在了我们记忆的最深处，并且已化为永恒。

感谢我亲爱的孩子们，是你们让我收获了两年的感动。不止收获了你们的尊敬和我们之间的知识与智慧交流，还有情感的交融和心灵的碰撞。我永远也不会忘记，你们在舞台上尽抒豪情的那份洒脱、在操场上不甘落后的那份执着、在教室里认真听讲的那份专注和走出挫折的那份淡定，我更加不会忘记师生是互相依存的生命，是共同成长的伙伴。我们一起携手面对困难，一起走过秋冬春夏，一起品味两年的酸甜苦辣。当老师落寞时，是你们用天真烂漫的笑容为我疗伤；当老师的考核成绩负分时，是你们给了我信心；当老师懈怠和遭遇扣分时，是你们的“给力、给力、再给力”给了我极大的鼓舞。

感谢我亲爱的孩子们，是你们让我又拥有了一次一辈子都难以忘记的幸福。教师这个职业，我们之所以能够长久拥有这份坚守，就是因为孩子们给了我们一份又一份细小的幸福。跟你们在一起，我们同样学会了幸福与快乐在于追逐的过程。正是因为有了你们，生命才显得精彩和有滋有味。让我们一起来记住这个怦然心动的时刻，让我们在不久的将来看到你们展翅高飞的雄姿！

17班的各位优秀学子，班主任不是在最美好的年华遇见你们，但遇见你们却成了我平生最美好的岁月。在人生的高铁上，我揣着满满的美好回忆中途下车，并原路返回；你们将继续拼搏，高速前行。希望“品高、德厚、人和”和“勤奋、专注、有恒”的17班班魂能够成为你们人生最坚强的核心。

3. 希望你们未来活得精彩与幸福

亲爱的孩子们，感谢到此处，我们老师的心情是复杂而矛盾的，既有大结局的喜悦，也有告别的心酸，就像送别远行的儿女，心中难免会产生依依的不舍、浓浓的酸楚、悠悠的依恋，以及殷切的希望。

希望你们在今后的人生道路上拥有更多的爱。孩子们，英文“爱（LOVE）”这个单词是由一句拉丁文压缩而成的，这句拉丁文的原意就是“爱就是对他人生命持久的关注”。因为爱可以创造一切，所以我在此向大家建议假期看10部影视剧和读20本书。

希望你们未来始终做个良善人。好人品，是一个人最可贵的通行证，是一个人成败的关键，是一个人最大的财富，是一个人最高的学历，生命一定会因善良而高贵。做一个身心健康的自然人；做一个三观正确、人品高尚的社会人；做一个“对自己国家持有高度认同感和归属感、责任感和使命感”的国家人，有“为实现国家富强、人民幸福所展现出来的持久的理想追求”，有“对自己国家和民族乃至整个人类前途和命运所表现出来的深情大爱”。当然，还要做一个具有世界眼光和世界胸怀、关注人类前途命运、和谐相处并珍爱自然界的一切生命、了解世界发展趋势、理解各国优秀文化、尊重文明多样性的世界人。写到此处，我建议大家去读一读明代袁了凡的

《了凡四训》。第一篇是立命之学。说明人的命运是靠自己创造，而不会被命数所束缚。第二篇是改过之法。从小过失处改错，一定不会犯下大的过错。第三篇是积善之方。多做善事帮助别人，善事积多了，命运自然也会有所改变。第四篇是谦德之效。与人相处，虚心学习，待人谦虚，进步成必然。

希望你们学会妥协与宽容。孩子们，未来的世界是一个和平与发展的世界，与人相处更需要我们去学会宽容和妥协。当你具备这种素养和能力时，你的胸怀就会像大海一样辽阔，既可以容下江河，也可以容下小溪。相信你的人生会跨越比他人更高的山峰，走出比他人更长的路。

希望你们拥有超强的逆商。人生无坦途，如同心电图，有波峰低谷，有起起伏伏，这才是人间正道。面对失败、困厄、艰难等打击，学会正确归因，不放纵自己，让高逆商成为一种好习惯，甚至是一种深入骨髓的生活方式。磨难有多长，逆商有多厚，人生就有多成功。经不起磨难与挫折，也很难赢得高阶人生。世上没有白吃的苦，也没有白走的路。不害怕失败，重新振作起来，绝地反击，拥有在复杂环境和问题中锻炼出来的愈挫愈勇的心理承受能力。如同生活不小心给了你一个柠檬，不要埋怨，不要害怕它酸，积极把它榨成汁，加点糖，让它变成甜蜜之饮。几米在《我不是完美小孩》一文中说："世界愈悲伤，我要愈快乐。当人心愈险恶，我要愈善良。当挫折来了，我要挺身面对。我要做一个乐观向上、不退缩、不怨天尤人、勇敢接受人生所有挑战的人。"高逆商总能让我们在岁月浮沉中找到属于自己的专属坐标，成功与失败从来就是一对如影随形的孪生兄弟。

说了那么多对你们的希望，我最希望的还是你们身心健康、幸福快乐。孩子们，不管你们将来的财富有多少，事业有多成功，学术成就有多大，最重要的还是身心健康和幸福快乐，做一个身心健康的幸福平凡人同样是人生的成功。健壮的身体能够承受变故和困苦，健康的心理能抵挡不良诱惑和烦忧。身心健康就是数学中的"1"，所有成就、名誉与辉煌都是"1"后面的"0"，只有"1"牢牢站稳了，后面的"0"才有意义。坦然接受已经发生的，努力改变自己能改变的，会让你的人生遇冬有温暖、遇寒有火炉、黑暗有灯、雨天有伞、人生路上有幸运陪伴。总有一天，聚光灯会把你照耀得熠熠生辉。

最后，我特别希望你们常回母校看看。看看你们的老师，看看你们的学弟学妹，看看你们曾经生活过的母校。当你们事业有成的时候，请不要忘了告诉老师。我们期待着这一天，也相信一定会有这一天！

孩子们，我注定只能是你们“和谐”号人生高铁列车上的一段陪伴者，愿你们今生今世都能带着老师们的关注、关心、期望、温暖，不忘初心，砥励前行。愿“毛家班”46位优秀学子都能实现奔向卓越的梦想！待到三十年后，希望你们一个不少地来看我，再次齐诵梁启超的《少年中国说》！

东莞高级中学2020届高三17班班主任　毛经文

2020年7月9日

附：

一、建议观看的10部影视剧

1.《士兵突击》。推荐理由：不抛弃、不放弃，拥有不一样的逆商。

2.《阿甘正传》。推荐理由：先天智障的小镇男孩福瑞斯特·甘自强不息，最终“傻人有傻福”，得到上天眷顾，在多个领域创造奇迹。

3.《肖申克的救赎》。推荐理由：全片透过监狱这一强制剥夺自由、高度强调纪律的特殊背景来展现作为个体的人对“时间流逝、环境改造”的恐惧。影片入选美国电影学会20世纪百大电影清单。

4.《跳出我天地》。推荐理由：一位勇于挑战的男孩，坚持练自己钟爱而又让贫民不能期冀的芭蕾舞，最终梦想成真。

5.《荒野生存》。推荐理由：一个理想主义的传奇，一个流浪的故事，每一步都充满艰辛，在坚韧与顽强中走向成功。

6.《放牛班的春天》。推荐理由：即使是被遗忘的孩子，也有可能绽放生命的光芒。

7.《追梦赤子心》。推荐理由：鲁迪完全没有橄榄球方面的天赋，却凭借着热爱走向了成功。

8.《天使艾米丽》。推荐理由：她不是天使，孤独自闭、生活不幸、困难重重，却在一言一行、一举一动的小事中成为天使，让她的心灵花园开满了鲜花。

9.《喜剧之王》。推荐理由：只要勤奋、专注、有恒，跑龙套一样可以成为男主角。

10.《风雨哈佛路》。推荐理由：相信读书方能改变自身命运，贫困并没有止住丽兹前进的决心，她迈着自信的脚步走进了哈佛的学堂，勇往直前的奋斗是永恒主题。

二、建议阅读的17本书

1.《读大学，究竟读什么》。推荐理由：书里有很多非主流的观点，让你头脑风暴一次！

2.《水知道答案》。推荐理由：爱可以创造一切奇迹，这是可以用科学实验证明的。

3.《把信送给加西亚》。推荐理由：在你没有成为奥巴马以前，执行力是你走向成功的主要秘诀之一。

4.《五百年来谁著史》。推荐理由：让你看到与历史教科书上不一样的历史。

5.《公司的力量》。推荐理由：谁也没有想到，公司在改变我们的世界，包括过去、现在和将来。

6.《上学记》。推荐理由：回望何兆武教授的学生时代，体会一个饱经沧桑的老人对整个20世纪历史的反思。

7.《纪念青春的一种方式》。推荐理由：像孔庆东一样用精彩、浪漫、伤感去演绎自己的大学生活。

8.《如何放松自己》。推荐理由：戴维斯为我们提供了许多缓释排解工作与生活压力的方法。

9.《妞妞——一个父亲的札记》。推荐理由：这是一个父亲对自己女儿的缅怀，读了也许能理解自己的父母有多伟大，自己的生命有多么来之不易。

10.《谁动了我的奶酪》。推荐理由：学习斯宾塞·约翰逊，用最简单的办法解决最复杂的问题。

11.《唤醒心中的巨人》。推荐理由：像安东尼·罗宾斯一样唤醒蛰伏在自己心中的巨人。

12.《阿甘正传》。推荐理由：看了电影不妨看看原著，因为我们每个人心中都有一个阿甘。

13.《士兵突击》。推荐理由：不抛弃、不放弃，平凡人在执着时同样可以创造伟大。

14.《平凡的世界》。推荐理由：茅盾文学奖皇冠上的明珠，激励千万青年的不朽经典。

15.《藏地密码》。推荐理由：这是“一部关于西藏的百科全书式小说”。

16.《赢》。推荐理由：“屡战屡败，屡败屡战”，但最终还是要赢，要大赢，要彻底地赢！面对问题，跨过难关，最终取得成功！

17.《求职，从大一开始》。推荐理由：决定求职结果的并不是面试那十几分钟，而是大学四年。

未来始终做个良善人

——隔空寄语“毛家班”的大学新生

“毛家班”46位优秀学子：

近期，你们已陆续进入了心仪的大学，祝福大家在大学里续写“毛家班”的传奇与辉煌！在此，毛老师很愿意再给你们啰唆一次：好人品，才是一个人最坚强的核心。

毛老师在过去这两年里，总是在教育和引导大家先做一个好人，做一个良善人。在做好人的基础上，形成一个良好的习惯。让你们受用终生。同时，毛老师也给自己当好班主任定了一个目标：“悦纳中严格要求，鼓励中手持戒尺。力争成为学生的生命知己、精神密友、灵魂导师。”身体力行，希望用我的习惯去影响你们的习惯，用我的勤奋、专注、有恒去培养你们勤奋、专注、有恒，用我的教育情怀去浸润你们的学习情怀与报国情怀。平时，毛老师也关注你们的考试成绩，你们考得好时我也欣喜若狂，你们考得不理想时我也忧伤忧虑。但是，一个学校、一个年级、一个班级的成绩排名总是有前有后，分数有高有低，在毛老师看来，这并不是最重要的。毛老师最为关注的是你们的身心健康，你们有没有在努力做个“品高、德厚、人和”的良善人，有没有养成“勤奋、专注、有恒”的好习惯。高二整个学年，毛老师重点在培养和训练大家勤奋、专注、有恒的好习惯；高三整个学年，在重点拼搏高考的同时，你们没有忘记学习如何做人做事，如何醇化和提升自己的人品。人品是一个人最好的通行证，建议大家进一步阅读与深入了解《了凡四训》。

第一，成为君子比成为才子更重要

现今的中国已是世界第二大经济体，教育培养精英人才的历史使命正在逐渐回落。教育应该从培养人才走向滋养所有人的人生，为所有人服务。教育的主打功能是为所有人服务，育人比育才更加重要。育才重“三力”：创造力、分析力、领导力，它的标准是成功、成绩、成就。育人重“三观”：世界观、人生观、价值观，它的标准是自由、幸福、快乐。成人比成功重要，成长比成才重要。我认为，现代教育的逻辑应以人生幸福为中心，人是第一位的，才是第二位的，如果我们的教育以人为中心的话，那教育的核心就是用人文养育人格，以人格滋养人生，让人们幸福地度过自己的人生。简言之即是用人文精神养成学生人格，以良好的人格滋养学生未来的人生之路。这让我想起了艾森·豪威尔的故事，二战的某天，欧洲盟军最高司令艾森豪威尔开车夜行。车行途中，发现一对老夫妇正蜷缩在路边瑟瑟发抖。原来，老夫妇是去投奔巴黎的儿子，因为天气原因汽车抛锚，加之地处偏僻，求助无门，无奈在此等待好心人的救援。艾森豪威尔知情后，怜悯之心油然而生，立即让司机送他们去巴黎。后来他才知道，那天路上，敌人早就在他经过的路上埋伏好了，但因为他中途变换了行进路线，这才逃过一劫。事后，艾森豪威尔感叹地说：“原来我以为是自己救了那对法国夫妇，现在才知道是他们救了我！”赠人玫瑰，手有余香。我们帮助别人的同时，其实也是在帮助自己。

第二，天生我材必有用，笨鸟也有矮树枝

作者约翰·纽曼在《这才是判断一个人是否受过教育的标准》一文中认为：“真正的教育，是自由的精神、成年公民的责任、远大的志向，是批判性的独立思考、时时刻刻的自我觉知、终身学习的基础、获得幸福的能力。”新教育的代表人物之一王雄老师也认为“让每个生命成为最好的自己”“新教育拓展生命的长宽高”“自然生命强调长度，社会生命强调宽度，精神生命强调高度”“学校要通过各种方法，把人类最美好的东西在学校里呈现出来，让每个学生在和伟大事物相遇的过程中不断发现自己、找到自己，最终成就自己”。而中学教师通过教材所描述、记录和呈现的大部分都是教育上的“伟大事物”，17班课堂就是直接让每个学生与“伟大事物”经常相遇的场所。因为每个生命都会有自己的光芒，即使是一只笨鸟，也有一根供它落脚的矮树枝。

随着4D工业时代的到来，社会对人才的需求趋向多元化和个性化，每个人都是这个社会不可缺乏的人才。因此，当今的教育必须伴随着社会的进步与发展，从以能力为中心的教育体系走向以素养为中心的教育体系，让教育必须面向所有学生，为所有学生的成长和素养提供“有机肥”。

世间太多的经验教训表明，人生拼到最后都是人品。慧通大师挑选接班人，给弟子智能和文远各发一袋稻谷。大师说，等谷子播种丰收后，哪个弟子收的谷子多，哪个弟子就接班任住持方丈。谷子成熟季节，智能挑来了满满一担谷子，而文远却两手空空。慧通大师问他俩原因，文远惭愧地说：“我没有种好，谷子根本就没发芽！”大师听了，当即就指定他来做未来的住持。智能不服气，追问原因。慧通大师说：“煮过的谷种，又怎么会发芽呢？”原来，慧通大师真正在意的，不是弟子到底会不会种稻谷，而是弟子有没有诚信的人品。

第三，比知识与能力培养更重要的是价值观的引领

教育的真正价值不在于教与学的法则，而在于教育对学生成才、成长、成功、成人的养育价值，即对人性的养育。当教育还在普遍流行教育知识传播手段或传授技术上的不断花样翻新、想尽各种办法与招式解决学生“怎么吃”的问题时，我们会经常这样问自己：对于一个几近成年的高中学生来说，教育课堂教学是告诉他们“怎么吃”重要，还是“吃什么”更重要？可想而知，中学教育最重要的不是告诉学生“怎么吃”的问题，而是要基于成长的需要，解决“吃什么”、提供什么样“营养”的问题，“吃什么”比“怎么吃”更重要。成长需要营养，它不会管太多这个营养是怎么吃进来的。因此，以养育学生人格人性为主要目的的教育内容选择与教育价值的挖掘就显得比传授知识、培养能力要重要得多。知识固然可以产生力量，过程与方法也能培养能力，但从知识中挖掘出的价值观却能决定方向，用真的事实和美的方法养育善的价值观。知识只有在帮助学生追求真善美时才是最重要的，智慧与价值观比知识与能力更重要。

17班46位新晋成年公民，能力永远弥补不了人品的缺陷。而身心健康决定你能走多久与多远，好人品能决定你人生的高度与厚度。

“毛家班”的各位优秀学子，你要去的大学，暂时充满未知，但注定不凡。因为你们是东莞高级中学2020届高三17班，是在品高、德厚、人和、勤奋、专注、有恒的班风中熏陶出来的，是在“绝地求生，从危机中走向卓越”的班训中成长起来的。做好人、读好书、创造奇迹已成为毛家班人的基因。希望大家在象牙塔里，继续追求好人品，进一步争取成为优秀的健康人、国家人、世界人。不断养护健康人的身强心顺，正养国家人的深情大爱，毓养世界人的放眼全球，继续厚植与筑牢我们17班人的精神底座，走好和走稳从小我到大我的正向蜕变。永远记住：改变人生的不是道理，而是每一天微不足道的勤奋与善良。

生命因勤奋、善良而高贵永生！

一台戏中的非主角

——谈谈班主任的角色定位

班级管理经验是一种在知识经济条件下的现代教学理论和策略，也是一种全新的理论模式。它冲破了传统教学理论的很多藩篱，对教学过程给予了重新的界定，对班主任和学生的角色和作用提出了新的要求。如果把一个班比作一台戏的话，那么班主任在绝不扮演主角的前提下，可以担纲多种角色。

1. 编剧

编剧即班主任必须对班级管理经验进行精心设计，从学生分析、分组策略、目标设置、任务选择到教学过程的设计与评估等都要进行全面设计，编出“脚本”，并提前让学生知道“剧情”，还要发动学生去搜集资料，提前思考，允许学生创造性地发挥乃至修改。由学生自己选定“脚本”中的某个或几个问题，分析设计好“剧情”的进展和程序，提出某种构想，设计粗线条的“剧情”框架，让学生在合作讨论中有所发现，或有所创新。

班级管理经验模式下的班主任已不是简单地写出常规的教案，而是要求班主任以建构主义理论为基础，对自己所教的课程进行重新设计，对知识进行重新理解和重新认识，把原本固定的、没有感情色彩的书本知识变成生机勃勃且富有强大生命力的知识体系，同时班主任还可以根据课堂上师生互动中表现出来的真实情况重组知识传递的方式，改变以往那种千方百计地把学生的思考和提问纳入自己原先设计好的框架中的定式，机动灵活地实施教学和评价教学，而不是机械地照搬事先编好的“剧本”去演绎和运作。因为“主角”在课堂上演出时，有可能随时会出现一些让“编剧”们事先无法料到的情况，或发表了不同于标准答案的新观点，这就要求班主任要学会在工作中认真倾听“主角”的意见，及时修改“脚本”，调整自己的教学策略。

需要特别提出的是，在全国普遍推行新课标的大背景下，班主任应由课程计划单一执行者转变为新课程的“编剧”，既要关注必修课的基础性和均衡性，也要适应选修课的选择性和个性化，并使课程实施充满生机与活力。就必修课而言，班主任可以对承载课程基础内容的教科书做出适当的“裁剪”，具体怎么取舍或增删，视本地、本校、本班的实际情况而定。尤其要珍视“童心世界”所独具的课程价值，尊重学生这个“主角”的兴趣、爱好和个性化选择，进一步拓展课程的内涵与外延。就选修课而言，班主任要从自身的特色和潜力出发，致力于开发受“主角”欢迎的“脚本”，即新的课程资源。

2. 导演

导演的过程实际上是一个“剧本”的“拍摄”和实施过程。在编剧阶段，班主任虽然对班级管理经验进行了精心的设计，但要使班级管理经验始终真正富有成效，仅仅依靠事先编好的“脚本”是远远不够的，无论安排周详不周详，在实际操作过程中都会遭遇意外，如果这些问题不及时解决，往往会阻碍班级管理经验的顺利开展。因此，加强“戏前”的指导、提示，并引导学生解决“剧中”可能会出现的问题，重视“戏后”小结；既“导”全程，也“导”局部，最终目的是让每一个“主角”都尽可能地“演好”每一场戏。让每个教学环节都充满民主、和谐的生机，留足广阔的想象空间，为其个性化的课程体验铺设多种路向，点燃学生求知的强劲内驱力。

在班级管理过程中，“导演”必须要仔细观察各个合作小组成员的合作情况，及时发现小组合作过程中存在的问题，及时进行调控。一是要耐心说“戏”。“主角”们对小组的任务还不清楚时，“导演”要耐心、及时向学生说明任务的内容及操作程序。二是打破“主角”终身制。即及时制止小组合作学习过程中的话语权，扩大学生的参与面，努力使合作成员的表达机会均等。三是让“演员”善于做忠实听众。在面对具有不同意见的问题时，“导演”要及时引导学生学会倾听，要在听取小组其他合作成员论点论据的基础上有的放矢地争论，并在吸收小组合作成员已有认识的基础上分析问题和解决问题。四是及时疏通“戏路”。当小组讨论偏离主题或讨论一时受阻时，班主任要及时发现，并及时纠正，或适时点拨，让学生知道为什么，而不是给出一个标准答案，使学生在充分思考的基础上能够更深刻地理解“为什么”。

3. 制片人

学生积累了一定的班级管理经验后，自信心增加，就会有强烈的自主要求，学生有独立“当家做主”的愿望，应该说这是开展班级管理经验的重要成果，班主任只能充当“制片人”的角色。当好这个角色要把握好以下两点：

第一，由过去的课程知识的灌输者转向发展学生诸多能力的促进者，由原来的唯知主义向以学生为学习主体的方向发展，从知识和能力、过程和方法、情感态度价值观三个维度上关注个体的完整发展，促进学生智力要素和情意要素的交融生成，使个体生命获得以理想和意志为动力、以自主和探究为特征的终身可持续发展。具体表现为学生解难释疑，特别要注重启发学生自己拿主意、定办法，同时也要为班级管理经验的正常开展创设一定的条件或做必要的物质准备。当然，“后勤”工作也不是一切由“制片人”自己来干，学生可以自己动手准备的东西，班主任绝对不要代劳，学生的许多能力，如组织能力、动手能力、社交能力等，正是在准备过程中培养和锻炼出来的。

第二，由课程成绩的裁决者转为学生终身发展的激励者。在班级管理经验的模式下，由于整个评价体系的全面创新，对学生的评价不能超然于对象情感之外，而应与之共同介入，以心灵拥抱心灵，以激情燃烧激情。在人文关怀的势态中让学生从被考核、被测试的消极境地中解脱出来，唤醒他们的对话意识，尊重个人见解，鼓励质疑批判，以达成其创造性地建构文本的意义，最大限度地释放其创造潜能。正如加拿大课程专家史密斯所说的那样：“班主任所关注的并不是教——即通常所谓的灌输条理分明的知识，而是保护使每一个学生找到适合自己的道路的环境条件。”而这个环境正是“制片人”和“主角”在互动中共同创设的：一是以肯定和表扬为主。珍视其中建设性和创新性的价值意蕴，多用寄寓真切期待的鼓励性对话模式，让“主角”发挥出潜在智慧和情意能量。二是着眼未来。要从“主角”成长过程着眼，既不忽视目前的缺点或缺陷，更要关注其成长的潜能和可能的发展前景，对其细微的进步要以博大的情怀去精心发现和呵护，并保护其成长所必备的和谐健康氛围。从人才学的角度来看，学习中的差异性往往蕴涵着学习主体的特殊性乃至创新性，那些无法为统一标准所整合的学生恰恰可能是别有思维活力的独特个体。三是允许差异，承认多样化。“主角”之间有差异，这是客观事实，“制片人”不能用统一的标准去横向评价，要通过纵向比较关注每一个学生的多样化发展，承认个体差异，尊重个体在群体中所处的独特位置。

班级管理经验这台“戏”，归根到底，是要学生自己去“演”，并逐步做到在班主任的指导下，由学生自己去策划、安排、展示，让学生充分展示班级管理经验，从根本上开发学生的潜能。如此一来，班主任的角色定位就应该有诸多变化，过去那种“权威”被“向导”“促进者”所替代。班主任成为班级管理经验中的一员，一切都着眼于调动学生主动投入班级管理经验全过程的积极性落实在学生提高素质和能力的实际操作中。因此，我们提倡班主任在课堂教学中让出“阵地”，让学生唱“主角”。这不仅仅是一个形式问题，而是一个真正体现班级管理经验意义的根本问题。把过去学生围着班主任转，转变成班主任围着学生转，变说教为启示、启发，变教会为引导学生学会，变“真理代言人”为与学生共同探索的导引者，进一步激发学生兴趣，发展特长，培养个性，淡化功利性，最大限度地脱开应试教育的桎梏，让班主任在非主角的多重角色平台基础上，指导和激发学生“表演”出一幕幕走向成功并最终成才的“连续剧”。

那是个最独特的共同体

——对班级个性化建设的思考

《中国教育改革和发展纲要》中明确规定："必须从我国国情出发，根据统一性和多样性相结合的原则，实行各种形式治班，培养多种规格人才，走出符合我国和各地区实际的发展教育的路子。"中小学要"办出各自的特色"，在加快建立社会主义市场经济、全面实施素质教育、积极探索教育创新的大背景下，班级个性化建设已逐步引起社会和班级的高度关注和重视，并取得了一定成效。可以说，实施素质教育与班级个性化建设是紧密相连的，班级个性化作为实施素质教育的产物，极大地丰富了素质教育的内容。"以德育为主导，以教学为中心，以质量求生存，以特色求发展""以德养班，严管治班，科研兴班，名生扬班，质量立班，特色创班"已成为许多班级的发展战略和治班理念及治班方略。个性化班级建设的基本原理主要体现在其特征、基本内容及形成过程中。

一、个性化班级的基本特征

个性化班级是一个班级在班主任个性化治班理念的影响下，通过长期地教育实践，遵循教育规律，发挥本班优势，选准突破口，以点带面，实现整体优化，逐步形成的一种特殊的、优质的、稳定的治班风格。其内涵明显区别于制度化的班级，对现行班级的划一、封闭、僵化是一种突破，也是班级对教育的一种创新。它更自觉地面对各种各样的学生和家长对班级教育的不同需求，并切实帮助每个学生发展自己的个性和潜能；明显重视教师的自主性、创新性，有独特的教育教学思维和管理战略，以及独特的教育教学工作运行模式。班级个性化是班级特殊性在治班过程中的体现，是班级教育优质性的集中体现。它不是某一方面的一枝独秀，它的形成和发展是一个长期而又艰巨的积淀过程，是一个复杂的创造性的系统工程，在班级全部工作已有一定基础上的点面结合、整体优化。它的基本特征主要表现在以下三个方面：

1. 在治班模式和内容上具有独特性

班级在具有同类班级普遍共性的基础上，同时具有其自身的特殊个性，这种个性就是治班的独特性，是班级个性化的基本属性，也是班级个性化的决定因素，没有独特性也就不存在班级个性化。治班的独特性其实本质就是创新，是在全面贯彻教育方针法规、全面实施素质教育并完成班级教育基本任务和目标的基础上，实现某些局部的教育要素的优化组合，形成优势，与相同层次、相同地域、相同类别的班级相比具有示范性和参照性。因此，治班的独特性是相对而言的。没有创新，就没有治班的独特性。

从一定角度看，班级教育就是人的个性化与社会化统一实现的过程。社会对人才需要的多层次性、人的身心发展的差异性和治班者的主观能动性，都必然要求班级在治班实践中形成个性化的教育观以及独特的教育内容、教育方法和教育途径。同时，由于各地区教育发展的不平衡发展性、教育资源的差异性、历史文化传统的不同以及某些教育者对教育的特殊需要，也必然使各地区的各个班级在寻找最有利于自身发展的最优方式和更佳途径时，形成风格各异的治班个性化。具有治班个性化的班级，必然具有独特的治班思想、独特的治班内容、独特的治班策略，当这些成果渗透到班级治班育人过程中，强烈表现在某一个方面或某几个方面时，就在治班模式和内容上具有超群的独特性。

2. 在治班过程和终端上具有成功性

没有治班过程和终端上的成功性，班级个性化就失去了存在的价值。班级个性化的成功涵盖了班级发展过程中的三个主体结构。

一是成功确立了治班的价值观。班级治班的价值观，在很大程度上是在班级长期发展过程中，特别是一些关键的发展时期，班级个性化和优化的治班价值观的集中表现。班主任的治班价值观是班主任对班级教育、管理活动中主体需要和客体所具有属性之间的特定关系的认识和评价，以及在此基础上确定的行为取向标准。班主任的治班价值观表现了班主任对理想治班状态的追求，反映了班主任对班级教育和管理活动中的价值关系的认识程度，班主任的治班价值观是班主任作为治班主体的情感特征、思想观点和价值取向的综合体现，带有鲜明的独特性。班主任治班价值观是班主任对班级教育管理实践进行深入思考之后所做的某种决策和选择，是思考的产物和理智的选择，具有较深的哲理性。班主任的治班价值观也是班主任结合以往丰富的工作经历和成果进行的再次决策和选择及强化的结果，带有很强的经验性。班主任治班价值观的形成和发展变化，是在社会环境、教育系统中逐步确定的，受到文化传统、风俗习惯、社会心理、主观认识和个人实践活动的影响。它主要由班主任的教育观、管理观、班级观、师生观、方法观、效能观等一系列基本观点组成，涉及班级教育和班级管理的一切领域。一个正确而具有个性化的治班价值观往往是班主任多年治班经验和心血的凝聚，是班主任对教育管理实践的理性认识。

二是成功地确立了一种优化的治班模式。班级个性化的形成过程，也是某种治班模式不断形成和优化的过程。班级个性化的确立，标志着这种治班模式的定型和完善。治班模式根据其存在的表现，有属于治班体制范畴的国有、国有民办、民办、股份制，有治班指导思想和管理思想范畴的，有学生个性特长培育范畴的，有课程开设、教材选用范畴的，等等。

三是成功培养了大批社会所需要的人才。班级的基本任务就是育人。班级个性化的创建，其根本目的就是为了造就和培养社会所需的各种不同层次的合格人才。班级的育人成果为社会所认同，班级个性化才是成功的、才是有生命力的。

3. 在治班个性化和目标上具有稳定性

班级个性化的形成有一个相当长的时间过程，在社会政治、经济、文化发展的不断冲撞之中，班主任逐步根据班级的实际情况，自觉、主动地确定班级个性化的发展方向，从而形成稳定的治班思想、治班目标，以及稳定的治班机制和治班模式，有一套相对稳定的组织结构、规章制度和领导班子，在长期的不断积累、调查、充实和发展中，形成班级在治班条件及设施、典章、制度、观念精神等各个层面上的浑然一体，并体现出稳定的班级文化和班级传统，最终在稳定中发展，在发展中完善自己的特色，稳步前进。

二、个性化班级的基本内容

个性化班级的基本内容是个性化班级建设和发展的重中之重，离开基本内容片面奢谈班级个性化建设无异于空中楼阁，是舍本求末。从根本上说，班级个性化建设和发展主要依靠其基本内容的实现来形成特色，而且这项工作没有捷径，也不能急于求成，只能像文火煨汤一样慢慢煮。个性化班级的基本内容主要体现在以下六个方面：

1. 治班个性化

治班个性化是班级个性化创建过程中形成的一种能够反映班级工作的主体要素或全局性的特殊风格，相对于某些个别的班级工作领域而言有更为宽泛的覆盖面。从一定程度上说，具有治班个性化的班级应该是在深层次上实现了教育体制的转换、教育观念的更新，组织运行工作机制的优化整合，师资整体素质和学生发展成果能够普遍得到社会的接受和认同，班级步入相对稳定的良性发展轨道，并显示出可持续发展的巨大潜力。

2. 教育个性化

教育个性化是班级个性化创建过程中形成的一种能够反映班级德育工作的特殊风格。教育个性化形成的重要标志是班级独特的教育思想方式和手段，能够在学生的心灵中刻下深深的烙印，并陪伴和激励学生一生。由于有在富有教育个性化班级的求学经历，因而在学生的生命历程中总闪烁着那盏独特的包含信念和睿智的指路明灯，有个性的班训、班风、教风、学风等精神文化层面的要素其实也是班级教育个性化的视窗。教育个性化的形成要求具有五个方面的条件：一是班级本身是否具有较为特殊的资源；二是班级本身是否具有重视德育的传统和擅长德育管理的水平；三是班级本身是否具有丰富的战略思维；四是班级本身是否具有敢于迎接德育挑战、勇于从事德育实践以及富有责任心、使命感和日臻成熟的德育技巧的德育队伍；五是班级本身是否具有正确的宏观决策能力，选准德育的切入点和突破口，这在很大程度上决定了班级德育个性化创建的基本方向。

3. 教学个性化

教学个性化是班级个性化创建过程中形成的一种能够反映班级工作的特殊风格。教学个性化主要从以下几个方面体现出来：一是课程编制。课程是班级教育的核心，课程结构影响人的素质结构，课程标准及课程的实施水平影响人的素质水平。教育部2001年1月颁布了《全日制普通高级中学课程计划（试验修订稿）》，明确了建立国家、地方、校本班本三级课程体系目标，其中地方、班本课程为班级教学个性化的创建提供了广阔的天地。具有国际课程和国内课程改革双重背景的研究性学习，作为一门新型课程，其核心就是要改变学生的学习方式，强调一种主动探究式的学习，是培养学生创新精神和实践能力、推行素质教育的一种新的尝试和实践。它反映和回应了时代对教育的要求，是信息时代基础教育课程改革的必然选择。这种以问题为载体，没有教材，教师以参与者、组织者、指导者的身份与学生共同探究，重视过程和实践体验，不重结果的开放式新型课程，为班级的课程开设并形成个性化提供了可能。二是教材选用。课程编制和教材选用是相连的，教材的选用必须紧跟课程编制改革的步伐。除全国、省（市）统编教材以外，根据学科需要选购、自编针对性强的校本或班本教材是确保课程成功实施的前提。因此，在教材的选编中，也反映出了班级的教学个性化。三是教学手段和方法。教学手段的运用表面上看是反映班级物质条件的差异性，其实深层次看是反映班级管理、师资观念上的差异。在日益推广并加快建设的现代教育技术过程中，是否成为“现代教育技术班级”，也成为评估一个班级是否具有个性化的依据。教学方法可以根据不同班级的生源、课程、教师自身的理论素养等实际情况来选择或创新有个性的教学方法。这种教学方法一般应具有正确教育理论的引导，并在长期的实践中形成系统经验，取得明显成效，便于操作和推广。具有这些富于个性的教学方法的班级，其教学个性就形成了。四是课题研究。科研兴班，是治班者们的共识。班级科研水平的高低，既是班级品牌含金量的真实反映，又是衡量班级教学个性化的一个重要形象工程。从事课题研究要有重视科研的班级传统与氛围，要有乐于和善于从事科研的教师骨干队伍，要有推动科研的班级激励机制，要有切合班级教育教学实践的课题方向。当科研课题真正成功时，班级个性化也已基本形成。五是学科建设。长期以来具有突出优势的某些学科，也同样为班级教学个性化建设增光添彩。班级教学工作在确保各科教学的基本目标前提下，有重点、有计划地加强某个学科建设，是创建班级教学个性化的必由之路。这个学科必须要在班级具有现实的优势地位，教师人力资源现状和前景好，并认真制订合理的科学发展规划，在人力、财力上倾斜支持，引入竞争机制，产生一批在较大范围专业领域中有声望、有影响的名优教师。六是教学组织形式。在常规的建制结构以外，瞄准教育发展的趋势和社会需要，结合本班的资源和生存环境，在优化整合教育资源的基础上，创造条件，以新的体制、新的观念、新的手段治班、办班，这也是造就班级教学个性化的重要途径。

4. 管理个性化

管理个性化是在班级个性化创建过程中形成的一种能够反映班级管理工作的特殊风格。班级管理是班主任按照一定的原理，运用一定的手段和方法对班级的人、财、物、时间、空间、信息等因素进行计划、组织、协调、控制，以便更好、更快地实现班级预定目标的活动过程。管理个性化具体表现为具有先进的管理理念，并成为管理者自觉的意识和行动，制定适合班级发展的规章制度，极大地调动教职工和学生的主观能动性，长期稳步提升班级教育质量。

班级管理的个性化，实际上是班主任个性实践的产物，一个好班级就必须要有一个好班主任。好班主任能在管理过程中整合出五大管理原则：一是整分合原则（即整体把握、科学分工、综合协调）；二是开放封闭原则（即开门治班与关门治班相结合）；三是能级原则（即量才使用、权责分明、各尽所能）；四是动力原则（即合理运用激励手段产生动力）；五是弹性原则（即正确估计、留有余地、不断调整）。在充分遵循五大原则的基础上，通过班主任成熟职业思想的引导和实践，使班级管理走向科学化，自觉把科学的理论引入班级领域，分析和解决班级管理中的各种问题，形成班级管理优势，最大限度地发挥管理者的潜能，确保班级质量效益最大化，形成管理层面的班级个性化。如卓越的班主任在班级管理中形成了自己的“八心”特色，即以先进的理论武装人心、以改革创新启动人心、以宏伟目标激励人心、以忧患意识唤起人心、以深入班级体察人心、以无私奉献感召人心、以同甘共苦凝聚人心、以知人善用赢得人心，以理想的教育实现教育的理想。

5. 教师个性化

教师个性化是在班级个性化创建过程中形成的一种能够反映班级教师素质的特殊风格。要创建班级个性化就必须造就一支德艺双馨的教师队伍，并且其整体素质和个性技能必须要有相对优势，在此基础上，班级个性化才有可能体现出来。教师个性化表现为：拥有一个或几个优势学科、拥有一批享有不同声誉的优秀教师、拥有一套能吸引优秀教师、培养优秀教师、推动优秀教师教科研成果产生的良性机制。优秀教师的结构标准至少包括以下几个内容：一是健壮的体脑载体；二是坚定的政治信仰；三是高水准的道德品质；四是全面的知识结构；五是优化组合的能力“集成块”，特别是要具有较强的培养学生应试能力的水平，科研能力十分突出；六是健全的心理构造；七是高尚的审美情趣。班级的品牌学科是由品牌教师支撑起来的，班级教师个性化首先被人推崇的是名教师和名学科。既要自己培养和造就一批名教师，也要不断引进优秀师资，纳优引贤，改善班级师资结构，打造一流的师资，形成一支结构合理、素质精良、乐于奉献的优秀教师队伍，冲破僵化、封闭观念桎梏，形成竞争淘汰格局，这是班级教师个性化建设的必由之路。

6. 学生个性化

学生个性化是班级个性化创建过程中形成的一种能够反映学生素质的特殊风格。学生是班级的名片，班级的治班个性化、教育个性化、教学个性化、管理个性化、教师个性化最终都必然综合反映到学生的个性与素质上，学生的成功是对班级个性化建设的最好诠释，并对班级个性化起到更好地强化与推动作用。学生个性化可以表现在学生素质的诸多方面，如思想品德好、一个或几个学科成绩特别优秀、思维活跃、能言善辩、交际能力强、一个或几个运动项目技能突出、喜爱运动、整体发展较为均衡、科技创新意识强、动手实践能力强、审美水准高、艺术修养好、一个或几个艺术门类技能强等。单纯培养几个超常顶尖的学生，或者涌现几个奥赛金牌、运动健将、艺术之星、文坛新秀就说是学生个性化，这是不全面的。如果把各班级的本科升学率比作“锦”的话，让更多的学生上名班就是班级在追求“锦上添花”的基础上进一步追求“花团锦簇”，即大量培养优生，只有大量的学生在班级个性化建设中逐步养成了一些重要素质而又对他们今后继续学业和人生产生深远影响，才有资格成为班级个性化建设中的学生个性化，并成为班级个性化建设成果的有力佐证。

三、个性化班级形成的三个阶段

班级教育工作本身就是一个长期的过程，个性化班级的形成过程更是一个艰苦的创建和孕育过程，它不是自然进化的，即便有了明确的班级特色建设的意识、方向和规划，还需要有长期的实践去育化和锤炼才能形成。个性化班级形成过程必然要历经特质的孕育、特点的发展、特色的形成这三个不可逾越或不可或缺的阶段。

1. 特质的孕育

特质是班级特有的教育资源要素。从理论上说，不同的班级就具有不同的教育资源要素。如班级创建发展中的历史传统、班级所在社区的经济文化个性、班级的基本属性、班级的师资和生源的结构特征，以及班级管理者的个性及管理意识、教育观念、行为水准、班级基础建设条件等，都属于特质的基本范畴。特质孕育的关键在班主任，只有当班主任具有强烈的个性化意识、渊博的文化知识、独特的教育思想、独特的思维品质、完善的个性和出色的管理才能时，才能引导班级个性化建设有序地根据科学的教育理想和规划从特质孕育起步，不断向前发展，最后形成个性化。

2. 特点的发展

特点是呈资源状态的，一旦被教育管理者发掘利用，便自觉朝着有目标的方向演化进步，并上升为班级个性化初具雏形的阶段，这就是所谓的特点。其特点为：被确认班级个性化建设的资源要素已开始显示出它的优势、生机与活力；这些资源要素的发掘和利用已逐步上升为班级的整体自觉的行为。在特点的发展过程中，班主任拥有更为清晰的创建班级个性化的思想、观念和规划，有更为坚定推动创建班级个性化的决策与行动。这种决策和行动在实施过程中受四个因素制约：一是随着社会经济文化的发展和教育改革的深入，班级教育特质资源开发和利用的战略也应因时而变，在确保基本方向不变的前提下，必须经常地、合理地调整、完善。二是从特质的孕育到特点发展，这是班级个性化建设中不可逾越的阶段，也是不稳定、不成熟的阶段。因此，急功近利和拔苗助长只能延缓班级个性化建设的进程。三是班级个性化建设是一个艰苦的创建过程，要有与时俱进、不畏艰难、勇于探索的理论创新意识和实践精神，才能确保班级个性化建设朝着健康的方向发展。

四是要正确处理创建中的质量建设与个性化建设的关系，做好宣传工作，争取教师、学生、家长和社会的全面理解、支持和积极参与。

3. 特色的形成

经历了特点发展的阶段之后，班级特质教育资源在充分利用的基础上，逐步形成了稳定的、成熟的、优质的表现状态，能够全面或部分地反映班级工作的个性风格，这就表明班级个性化已形成。这种个性化经受社会、家长、学生全方位的长久评判和考验，能满足社会、家长、学生对优质教育服务的愿望与要求。班级个性化建设自觉纳入制度化、规范化、正常化发展轨道，成为班级的一种传统文化被世代相传、继承、发展和光大。

治班是一门艺术，要求班主任要有先进的理念，具备超前的眼光和开拓的精神，大胆改革，以实现基础教育领域治班的多样化和个性化，这也是班级教育改革与发展的一个内在规律。要在激烈的竞争中立于不败之地，就必须走出一条特色立班、特色兴班的道路，在特色中创新，在创新中立足，个性化班级建设将是今后立德树人的一张王牌。

第五辑

五年计划无终结

——持续写好自己的杏坛历史

内化定位意识，尽快站稳讲台

——特级教师毛经文的“第一个五年计划”

中学历史教师有着得天独厚的优势，可以从历史中获取智慧，充实自己，培养下一代。因此，我们就更应该经营好自己的历史。为了让我们自己的历史变得精彩些，也为了能写下光辉的一页，或具有深远的历史意义，不妨学习五年计划形式，把未来做历史教师的几十年规划成大约八个五年计划。

1984年7月—1989年7月是我参加工作后的第一个五年，在这个五年计划中，我有了初步的定位意识（即找准自己的角色定位），获得了一个初始的位置，开始积累了一些知识、技能、经验和人际关系等资源，有了一个安定的心态，基本站稳了讲台。五年之中，我教了三届高三，其间带领学生参加比赛获得两次全县第一，一次第二；发表或获奖的论文十余篇；担任了学校的团委书记；1988年作为优秀青年教师代表被特邀回母校做了一次报告。

《大戴礼记·保傅》中说：“少成若性，习贯之为常。”好的习惯具有强大的塑造力和巨大的推动力，蕴蓄着一股让人无法想象的正能量，正如威廉·詹姆斯所说的那样：“播下一种行为，收获一种习惯；播下一种习惯，收获一种性格；播下一种性格，收获一种命运。”当我们在训练学生形成良习惯的时候，其实教师特别是刚入职的青年教师，更需要从一开始就养成良好的教书习惯。在教师众多的教书习惯中，有一种习惯要求我们在参加教育工作的起步阶段就应该养成和达成共识，即明白“我是谁”“为了谁”。相对于学生这个主体而言，教师的准确定位在哪里？找准定位并把这种准确的定位意识时时刻刻落实在自己所教的每一堂课和每一次教育教学活动中。

首先，弄明白“我是谁”。我就是一名教师，一名中学历史教师。其次，明确我是“为了谁”。我是一名教师，我的一切教育教学行为都是为学生的健康成长提供优质服务的，为了学生的一切，为了一切学生，一切为了学生。我的课堂上学生是主体，我不是主角，不能成为保姆型教师，不能剥夺学生成长的权利，成长比成材重要，成人比成功重要。记得我刚刚走上教育工作岗位，教师职业的新鲜感和对职业的无比热情让我一度成为保姆型的历史教师，上课越俎代庖，生怕学生听不清楚。后来在三位资深教师的指导与帮助下，基本找准自己的定位，不再直接以权威的身份向学生传递经验，而是通过间接的方式实现文化传递，做一根能被学生随时丢开的“拐仗”，一如电影拍摄中的“编剧”“导演”、球赛中的“场外指导”“啦啦队长”“随队医生”“后勤部长”、知识“超市”中的“导购员”“产品介绍人”与“服务员”。

1. 电影拍摄中的“编剧”“导演”

几年的探索让我认识到：高中历史课不但要重视和强调课程的活动性、自主性、兴趣性、实践性、社会性，更要侧重于引导学生在活动中自悟自得，淡化学习上的功利性，为学生铺设利于学生自我活动的阶梯。如果把一堂历史课比作一台戏的话，要把三尺讲台让出来，让学生唱主角，而我们教师，特别是处在“第一个五年计划”中的青年历史教师则只能担纲“编剧”“导演”这样的幕后角色。

2. 球赛中的“场外指导”“啦啦队长”“随队医生”“后勤部长”

我们的历史课堂就像正在进行的球赛，历史教学设计是一场球赛的方案，这是赛前由教练员和球员一起制订的，教学则是球赛进行的过程，尽管球员要贯彻事先制订好的方案或意图，但达到这个意图的具体细节则主要由球员来处理。我们要根据场上的具体情况随时做出明智的反应。场上的主力是学生，我们是“场外指导”“啦啦队长”“随队医生”“后勤部长”。我们要根据场上“运动员”的年龄、球赛进行的特色和具体活动目标进行适度控制，既不能越权，也不能放任自流，着重在指导上下功夫。

3. 知识“超市”中的“导购员”“产品介绍人”与“服务员”

超市是聪明商家的创新之举，风靡全世界。把超市这种经营理念引进到历史教学之中，我们的角色定位就只能是知识的“产品介绍人”“导购员”或“服务员”。我们要积极为学生在历史知识“超市”中提供以下优质服务：

一是琳琅满目的“商品”要排放有序，方便学生“选购”，积极推荐优秀的历史知识“产品”，激起学生强烈的“购买”欲望。历史教师是“导购员”，启发诱导学生积极地参与学习和自我教育过程。“导购员”要坚信每个学生都有学习的潜能。对来自周围人对某一学生的评价要小心地采纳，对学生不能形成先入为主的成见。要尽量给每位学生同等的参与练习与合作讨论的机会。要经常仔细检查、反省自己是否在对待不同学生上有差别。要尽量公开地评价“顾客”的学习过程和结果。在实施奖励时，要做到公平、公正、公开，不可有不同的对待。要常常了解“顾客”的意见，看看我们是否察觉到了“导购员”在期望上的偏差，随时审视，随时修正。

二是充分尊重学生的自主采购权。既然把课堂当超市，就应该尽可能满足学生的选择权，尊重学生的自主权。学生是知识或课程“超市”的顾客，可以自主选择自己所喜欢学习的东西。可以选择学习内容、学习任务、学习方法、学习过程、课堂作业、评价方式，甚至还可以选择“产品介绍人”“导购员”“服务员”。让我们的“顾客”——学生在开放的，充满着民主、和谐、轻松的氛围中，根据自己发展的需要，自主“采购”知识和选择课程，真正成为课堂的主人。

三是整个历史知识“超市”要以学生发展为中心，重视学生的主体地位。从课程设计到评价的各个环节，应该始终把学生主动、全面的发展放在中心地位。在注意发挥教学活动中“导购员”主导作用的同时，特别强调学生主体地位的体现，以充分发挥学生的学习积极性和学习潜能，提高学生的学习能力。联合国教科文组织的一份报告中指出：“未来的学校必须把教育的对象变成自己教育自己的主体。受教育的人必须成为教育自己的人，别人的教育必须成为这个人自己的教育。这种个人同我自己的关系的根本转变，是今后几十年内科学与技术革命中教育所面临的最困难的一个问题。”

蕴积宽容意识，力争胜任讲台

——特级教师毛经文的“第二个五年计划”

1989年8月—1994年7月是我参加工作后的第二个五年。在这个计划阶段我们应该具备一定的宽容意识，用自己的学识、能力与教学魅力去吸引学生，提高成绩。

一、让学生成为自己的粉丝

董仲舒不但是一位儒学大师，更是一位“销营大师”，他成功地把自己的思想和学术成果“推销”给了汉武帝。我们要像董仲舒一样，不但成为一位历史知识大师，而且要成为一位出色的销售大师，要善于把历史知识和思想销售给学生，让更多的学生成为我们的粉丝。因为就一般规律而言，学生接受知识如同购买新产品，学生先是接受老师这个人，然后才会接受老师所传授的知识。

要想让学生成为老师的粉丝，最快、最简单、最实用的办法就是把教材读熟，把历史背得如同自己叫自己的名字，形成条件反射。历史也像语文、英语一样，一定要开口读背，读非常重要。读的时候要做到耳到、眼到、口到、心到，日日如此，月月如此。

教师读背教材时要做到“五读俱全”。一读目录；二读提示和课文；三读地图和插图；四读习题；五读年表。读熟了教材，上课、解答问题、辅导学生，才能信手拈来。如此一来，学生自然就会很佩服老师。

二、宽容是最应该拥有的教育气量

历史教学生涯进入“第二个五年计划”，有一种意识我们一定要具备，那就是作为历史老师一定要拥有宽容意识。因为宽容是一种值得提倡的教育气量，是进入学生生命领域和精神世界的通幽佳径，是生命和生命的对话，是人格对人格的影响，是灵魂对灵魂的碰撞。恰如苏霍姆林斯基所说：“有时宽容所引起的道德震动，比惩罚更强烈。”作为一名历史教师，宽容不但是一种仁慈和关爱，更是一种信任和激励。多从学生的角度看问题，多一些设身处地，那还有什么比理解、信任、尊重更让人欢欣鼓舞呢？当然，也有教育家说宽容是智慧的善良，是悟透教育真谛的觉醒，是对学生的爱和信心，是睿智，是勇敢。历史教师的宽容就像辽阔的大海，既可以容下江河，也可以容下小溪；既可以容下竞游的百舸，也欢迎独行的小舟。同样像广袤的森林，既可以容下鲜花，也可以容下荆棘；既可以容下参天的大树，也欢迎无名的小草。

1. 要用发展的眼光看待学生

不急于求成，不心浮气躁。用宽容来诠释学生的成长成熟从来就不是一蹴而就的，而是一个长期、曲折的过程。耐心地给学生以学习的时间，才能愉快地对待学生，并且永远对学生充满信心；才能胸襟开阔、气度恢宏、心智开放、尊重多样、珍视个性、求同存异；才能在遵循我们自己习惯思维的时候，不拒绝学生新的想法和创意，不以一己之偏而不客观公正地对待每一个学生；才能在学生犯错误时耐心地等待，给犯错误学生一丝慰藉、一份感动、一缕温馨。同时在宽容中学会等待，耐心等待播种到收获之间的过程，即使结果不够让人满意，但只要充分地相信他们，最终他们一定会非常优秀的（他们的优秀不一定在表现在学校，而更多的是表现在离开学校后的工作中）。

2. 课堂上不怕学生出错

对学生在学习过程中所犯错误持宽容态度，让学生自由地想、大胆地议，暴露出真实的思维过程，让学生思维活动有一个民主、和谐的氛围和宽松愉悦的心态。因为学生学习和受教育的过程就是一个由出错、辨错到纠错的循环反复、不断提升的过程，这是教学的客观规律。对于学生所犯的错误，恰当的处理和宽容不仅能使学生认识错误、弄清道理，还能找到错因、吸取教训，今后不再被同一块石头绊倒。因为学校和课堂本身就是一个允许出错的场所，学生的错误反映了学生在受教育和学习过程中存在的疑惑和困难，为我们的教育教学提供了可靠的信息和有效的切入点，是我们十分关注的教育教学资源。我们不仅要重视错误、纠正错误，还要宽容错误、剖析错误，从错误中查找错因，从错误中提高认识，从错误中增强能力。真正着眼于学生的发展，把发现错误、纠正错误、认识错误和宽容错误当作教育教学的重要内容，不但不怕学生出错，有时还要故意导引他们暴露错误，分析教育教学过程中存在的问题，及时改进教育教学方法，不断优化教育教学过程。

3. 宽容是对“后进生”的“温柔一刀”

宽容是一种温柔的力量，它可以穿透人的心灵。优秀教师就特别善于以自己的宽容理念，走进学生的内心，尤其是后进生的心灵。尊重学生的人格就是尊重学生的人格价值和独特品质，不仅仅是尊重学生的优点和长处，更包括学生的缺点和短处；不仅仅尊重优秀生，更包括“后进生”。教师很容易尊重和赏识或宽容优秀学生，但尊重和宽容每一个“后进生”，不是每个教师都能做到的。苏霍姆林斯基说过：“赞扬后进生极其微小的进步，比嘲笑其显著的劣迹更文明。”事实上，只要对“后进生”多一些宽容和赏识，多用发展的眼光看待他们，帮助其分析症因，提出应对策略，就能使他们的潜力得到开发。而这种潜力一旦被挖掘出来，迸发出来的力量是惊人的。我们要用宽容对待每一个学生，特别是对思想行为有偏差、文化学习滞后的学生，更要用宽容心对待他们。对于学习较差的学生，要特别注意保护他们的积极性。爱默森说：“教育成功的秘密在于尊重学生。”尊重学生，就要不伤害学生的人格。要知道，每个人都有一颗成为优秀的人的心。因而教师在严格要求之中，要体现出更多的关心和爱护，这样才能使学生体会到潜藏在我们内心深处的信任和尊重，才能建立平等、民主、互信的师生关系，也才能赢得学生的尊重和爱戴。我们要容忍学生犯错误，不要漠视学生的上进心。要用放大镜看学生的优点，用缩小镜看他们的缺点。用宽容的胸怀，对待学生的个性发展。

在“第二个五年计划”中，我基本上能胜任历史教学，开始成为学校的历史教学骨干，而且能够成功地把自己推销给学生，并且拥有一批“粉丝”，找到了教历史的乐趣，有了一定的宽容意识，初步获得了学生、学校、家长和社会的认可；担任了学校主管教学的副校长，是当时全县重点中学中最年轻的副校长。

突显科研意识，打造讲台骨干

——特级教师毛经文的“第三个五年计划”

1994年8月—1999年7月是我参加工作的第三个五年。教书生涯进入这一个阶段可以说是一个大转折、大分化的拐点时期，在这个特殊的阶段，能不能成为骨干教师或名师，主要取决于是否具有强烈的科研意识，能不能保质保量完成以下两大任务：一是要顺利实现新知识的“腾笼换鸟”，更新知识；二是从教而不研走向“在工作中研究，在研究中工作”。可以说，这是自参加工作以来又一次辛苦和精神压力增大的时期。在自己的专业方面，原本的知识结构已明显滞后，专业知识急需更新。用句形象的话来说，就是在收获的同时也要播种，进入了时不待我的“双抢”时期，开始通过教育科研和更新知识、更新教学法方法、实现自己的教育教学走向的转型。

如何走好“第三个五年计划”，我重点介绍如何让我们的知识在此时得到较快更新，和如何在研究状态中从事自己的教育教学工作。因为它能为我们带来新的增长点，进一步增强我们的“造血”功能，特别是能比较快地帮助我们顺利度过此时普遍出现的教师职业倦怠期，继续保持永不放弃的精神和旺盛的战斗意志，保证我们在未来的职业生涯中敢于“亮剑”。

一、到了旧瓶装新酒、老脚穿新鞋的时候

从大学毕业到“第三个五年计划”，如果不能及时更新知识，与时俱进，那很容易成为只会照本宣科的历史复读机，一个有血有肉、内涵极其丰富的历史学科，就在我们的课堂中变得嚼之如蜡，索然无味。

第一更新我们的学科知识，即历史专业知识，有学者把它称之为“本体

性知识”。更新学科知识要博览史书，拓宽知识面，关注史学动态，及时了解最新的史学研究成果。转变观念，从“教教材”到“用教材教”，在条件允许的情况下可以自己开发课程资源。

第二丰富我们的实践知识，即我们所具有的课堂情境知识以及与之相关的知识。这种知识是教师教学经验的积累。教师的教学不同于研究人员的科研活动，具有明显的情境性。专家型教师面对内在不确定的教学条件能做出复杂的解释与决定，能在具体思考后再采取适合特定情境的行为。在这些情境中，教师采用的知识来自个人的教学实践，具有明显的经验性。如必修二经济史的讲解，就要求我们要钻研一些经济学方面的知识。

第三拓展我们的条件性知识，即我们所具有的教育学和心理学知识。条件性知识是一个教师成功教学的重要保障。教育心理学也是不断发展的，我们所面临的教育对象也随着时代的不同而呈现出新的时代特点等，这些都需要我们历史教师去适应，去追赶时代的潮流。

二、把教师职业倦怠情绪及时赶出去

当我们进入历史教学的第三个五年时，职业新鲜感开始衰退。如何应对这种职业生涯中的“更年期”，我觉得有些办法还是挺管用的。

一是参加集体活动，和同事或朋友一起去打球或者爬山，产生归属感，增强自信心，每周至少坚持一次以上。

二是找人倾诉。当班级管理遇到难题时，组织教学遇到困难时，向知心同事倾诉，大家你一言我一语，各自讲出遇到的类似问题，以及采取的方式方法，从而找到解决问题的办法。

三是自我宣泄。或拼命跑步，或踢沙包，或冷静地坐下来反复思忖，拿笔记下来心中的感受，既提高了文字表达能力，又留下了教育、教学工作案例。

四是建立一个自己的社交支持网络，参加一些正式的和非正式的团体，如参加某个协会，或者在网络上参加一些论坛，认识一些兴趣爱好相同的朋友。

五是根据自己的需要，邀请一些有相同需要的同事组成一个活动小组，大家在小组中可以相互支持，定期交流经验、共享资源，一起来解决工作中遇到的问题。

六是读几本好书，更新知识，体会阅读之快乐，有兴趣时还可以组织一个读书俱乐部，可以每个星期聚一次，分享自己看的好书。

三、从“教而不研”走向“在研究中工作，在工作中研究”

到了第三个五年，学识、能力与水平都有了一定的积累，如果我们想有更新、更高、更大的发展，就得从过去那种“教而不研”的状态走向“在工作中研究，在研究中工作”的状态。要善于在历史课堂中以敏锐的眼光捕捉历史教学中的关键小事，形成持续不断的研究动力。既要用微博直播进行有激情的教育现场，也要用日志积累有意义的教育生活；既要用叙事讲述有原理的教育故事，或用案例展示有启发的教育事实，也要用课例再现有深度的教育思考；既要用报告总结有成效的教育结果，也要用论文呈现有思想的教育价值。

中学历史教师的研究点在哪里？我们一定要找准确。研究分为理论研究和实践研究：前者主要解决“是什么”和“为什么”，由专业研究者和学者去完成；后者主要解决“做什么”和“怎样做”的问题，可由一线教师来完成。具体研究的过程如同我们写一篇美文一样，要想吸引读者、打动读者，就必须做到有精彩动人的选题、有优美新颖的研究方案、有传神真实的研究过程、有恰到好处的文献资料引用、有独到深刻的见解、有铁板钉钉的成果。

1. 准确找到属于中学历史教师研究的“点”在哪

在教育教学研究中，“研究什么”和“为什么研究”往往是互为体现的。选择、确定研究方向的过程就是确立研究目的、研究对象、研究内容和研究方法的过程。能否确立正确的研究方向，不仅综合反映了教师的学科知识水平和教育科学素养，以及教师对教育理论本身、理论与实践之间、社会发展要求与教育教学现状之间、师生关系等教育内外部矛盾认识的深度和广度，也是研究工作能不能顺利进行、能不能取得成效的基础和提前。如何找准研究方向，我有以下四个建议：

一是必须符合党和国家的教育方针政策，坚持正确的教育科研方向。要贯彻落实新课标的思想和理念，要有利于全面、深入地推进素质教育。

二是要有科学依据。选定的研究方向在指导思想和理论上没有科学性的错误；课题产生于实践，有一定的针对性；选题有一定的教育科学理论基础，符合教育科学的基本原理和中小学教育的基本规律。

三是研究方向必须以校为本。课题研究以改进学校实践、解决学校面临的实际问题为指向。它关注的不是宏观层面的一般问题，而是中小学管理者以及教师们日常工作中遇到的、亟待解决的实践问题。以校为本意味着课题研究的选题不能游离于课堂之外，不能脱离学校生存和发展的实际。

四是研究方向要“从大处着眼，从小处入手”。“从大处着眼”是指研究方向立意要高、范围要广、视野要开阔，要从当代教育发展的总体趋势出发；“从小处入手”是指研究方向要贴近实际，要围绕学科、立足课堂来找问题，要选自己熟悉的、有经验的、感兴趣的、有条件解决的问题。要做到“真、小、实”，避免“假、大、空”。总之，选题立意要高、起点要低、范围要大、问题要小。

2. 敏锐捕捉历史教学中的关键小事，将细节放大，形成持续不断的研究动力

历史的课例、课题从哪里来？来自两个方面：对历史事件的不同理解与评价；如何把历史的真相用最适合学生的方法传授给学生？具体表现为以下五点：

一是从新的教育理念中关注升华点。着眼于国内外新的教育理念，从学校现有的改革项目出发，探索新的教育理念及有价值的因素，寻找立意较高的课题。

二是从成功经验中激发又一个生长点。

三是从现实问题中点燃突破点。

四是从与他人研究比较中填补空白点。着眼于对同类研究的了解和比较，视解决他人没有涉及的问题为有价值因素，选择与他人不同的研究角度和侧面的课题。突出有自己特色的成分，避免与他人的研究“撞车”。

五是从教学实践过程中调取困惑点。

3. 世上之难事必做于易。做教育课题研究如同我们写一篇美文一样，具体做到“六让”

一是让课题的选题体现研究热点和兴趣。

二是让课题方案在教科研活动中得以落实。

三是让课题的汇报工作督促研究，让论文成为研究成果。

四是让话题或课题研究过程做得实实在在，件件事落地生根。做到“五要三防”。“五要”是指：一要紧扣课题研究目标，不要让课题研究内容偏离课题研究目标；二要把每项研究内容表述明白，不要含糊其词或模棱两可；三要注重研究内容的整体完备性，不要出现重大缺漏；四要保证每项研究内容的相对独立性，不要产生近似甚至雷同的现象；五要调控每项研究内容的难易均衡性，不要使各子课题的任务悬殊。“三防”是指：一防“超载”，即每一步的活动量不能超过课题组成员力所能及的工作量；二防“撞车”，即每一步重大活动安排要与当地教育行政部门的重大活动安排不相矛盾；三防“误点”，即课题设计有自己的时间规定：什么时间开题、什么时候要完成什么任务、什么时间结题，课题组都要有时间观念和研究路线图，保证正点运行。

五是让四方贤才都来为话题或课题服务。有识之士是指与课题研究内容相关联的各级各类专家，经常咨询他们，有利于课题研究的健康发展。有志之士是指课题研究本身就是一个系统工程，任务重，难度大，我们要进一步遍揽各方有志之士，不仅仅是课题组内部的有志之士，家长等都可以是我们争取的对象，要组成一个高效率的课题研究航母。

六是让课题研究报告写得精彩动人，无知识产权纠纷。

4. 我个人的一些教研小成果

从这一个计划阶段开始到现在，我个人也取得了一些研究小成果：曾在一个年级四个班中主持市级一等奖课题《非重点中学班级良性运行和协调发展的研究》，创造了一个年级的辉煌；曾大力倡导和实施省级一等奖课题《薄弱学校低起点分层教学模式的研究》，使一所薄弱学校的教学质量迅速提高。

“第三个五年计划”，我成功地度过了自己职场生涯的拐点时期，具备了较强的科研意识，上述预设目标在本阶段基本实现，个人专著《中学活动课教学法》也已开工动笔，还被评为市后备学科带头人和衡阳市青年骨干教师。

提升名师意识，追求讲台名师

——特级教师毛经文的“第四个五年计划”

1999年8月——2004年7月是我工作的第四个五年。应该说，这个阶段是教师最有成就感的时期，要力争从工匠型教师向专家型、学者型教师转变，尽快成为本行业精英，要有争当名师的名师意识，并为此付出自己的巨大努力。

在很多人眼里，历史是一堆枯燥无味的史料，历史课堂让人昏昏欲睡。我的历史课到目前为止，还比较受学生喜欢，学校每学期的教学民主测评，我教的历史课都是受学生欢迎的科目之一。如果要说受欢迎与受追捧的原因，我想在教师情绪平和的基础上不外乎以下三个方面：致力追求民主课堂，激发学生兴趣；突显历史学科滋养性，养育学生；彰显历史细节的趣味性，吸引学生。

1. 致力追求民主课堂，激发学生兴趣

所谓民主课堂，通俗地说就是充满民主教育理念的课堂，意味着教师对学生能力与潜力的无限信任，意味着教师必须尊重学生原有的基础与个性，意味着师生是在探求知识真理道路上志同道合的同志和朋友，意味着还学生自主学习的权利，意味着让学生成为课堂的主人……民主课堂是建立在师生人格平等基础上的课堂，是以师生积极交流对话生成为主的课堂，是学生真正成为学习主人的课堂，是充满生命幸福与人性光芒的课堂。民主课堂的核心理念是“让学生成为课堂的主人”，这是“以人为本”的教育理念在课堂上的真正体现。让学生成为课堂的主人，把教师“教”的过程变为学生“学”的过程，让教师的“教”服务于学生的“学”。在创设民主课堂中，我不但注重八个实施原则：充满爱心、尊重个性、追求自由、体现平等、尊重规则、倡导宽容、讲究妥协、激发创造，而且更注重把人类文明的民主成果通过课堂注入学生需要滋养的心灵，如善良、正义、忠诚、气节、民主、自由、平等、博爱、宽容、公正等。学生在我的课堂上，自由发表意见，思与思碰撞、心与心交流、情与情交融，学生在课堂上能享受到民主、自由的学术气氛，敢于提问、敢于质疑。尊重学生、信任学生、赞赏学生，树立、平等的观念，营造轻松浓郁的课堂氛围，让学生充分参与学习活动。

如2018年余沁婷同学在给我的留言中写道："老师，您是一个幽默风趣、极重视孩子心灵的大智慧长者。您不仅教我们书本知识，更教育我们的人生，您以身作则潜移默化地影响我们的三观，让我们积极乐观智慧地面对未来。我一度以为历史是过去的，它离我很远，它是属于大人物的，与我联系不大，但您告诉我们，历史即是曾经的江湖。您教会我借鉴历史，吸收经验规律，能助我更好地走向未来，把握社会发展的规律。您教会我不能逆历史潮流，要积极融入社会，做历史的推动者。您教会我做大事者不能急躁。从来没有老师会这样充满智慧地洗涤学生的心灵，用人格魅力改变我。感谢您的谆谆教诲！"

2. 突显历史学科滋养性，养育学生

中学历史教学有着比知识传授、能力培养更重大的使命——素养养育，铸造未来国民的核心素养，让他们的精神站立起来是历史教育的终极目的。历史学科的真正价值不在于教与学的法则，而在于学习历史对学生的成才、成长、成功、成人的养育价值，即对人性的养育。因此，以养育学生人格人性为主要目的的历史教学内容选择与历史教育价值的挖掘就显得比传授知识、培养能力重要多了。历史这门课是关于理性与良知的训练。知识可以产生力量，过程与方法也能培养能力。历史知识只有在帮助学生追求真善美时才是最重要的。素养立意与养育是我的历史课堂的核心目标与最主要的追求。

第四个五年，我正在努力实现从工匠型教师向专家型、学者型教师的转变，有了比较强烈的名师意识，也开始发挥更大的示范性作用。出版了《中小学活动课教学法》，填补了中小学活动课没有教学法的空白。

彰显生命意识，甘做讲台导师

——特级教师毛经文的“第五-八个五年计划”

2003年是广东新课程改革的开局和启动之年，也是我四十年教书生涯的分水岭。如果以60岁退休为计算标准的话，刚好可以把自己四十年的教学生涯一分为二。前二十个年头在湖南，后二十个年头在东莞。荣调东莞，主要是为了让自己能接受更多的新东西，让自己教书生涯有一个新的起点，尽快接受新课程改革的洗礼。当时还处在开发期，让人探讨的东西实在是太多了，所以我决心投入新课程改革的前沿阵地。也恰恰在此时，我的历史教学生涯也步入了“第五-八个五年计划”。教了这么多年的历史，我明白本阶段的主要任务是积极主动为青年教师服务，成为青年教师成功、成长的阶梯。我非常清楚我肩负的三大使命已悄然来临：一是历史教育要以人为根本，立德树人，滋养他们的核心素养。即要常常追问历史学科的生命教育功能，树立坚定不移的“生命意识”“生本课堂”“素养滋养”，让自己的课堂成为名副其实的生命课堂。二是要做好讲台导师，主动积极为青年教师服务，当好他们成功的阶梯或“垫脚石”，在东莞这片热土上为青年教师的茁壮成长贡献自己的力量，正如梁启超所说：“未学英雄先学道，肯将荣瘁校群儿。”三是如果有机会的话，争取评上中学正高级教师，在东莞这片教育热土上，绽放自己的一点儿小精彩。

一、未学英雄先学道

要为青年教师成长与成才服务，我们就必须成为花岗岩一样的垫脚石。因此，我要做的第一件事情就是老钢重回炉、清水淬其锋。大家知道，淬火就是把金属加热到一定温度，随即在水中急速冷却，用于提高金属制品的硬度、强度、韧性及抗疲劳强度。天命之年的我特别需要“淬火”，来东莞17年就是我不断“淬火”的17年。在这里，我感谢东莞市教育局，感恩东莞高级中学的三位校长和各位领导，感念毛雁行、夏辉辉、陈家运、胡波等四位历史教研员和柴松方名师、张光洋特级正高、杨春生特级正高、郑继明特级、东莞高级中学历史科组长孙春明名师、五届东莞市历史学科带头人，以及众多活跃在东莞历史教学课堂的优秀青年教师等众多名师的提携与帮助。是他们用学科带头人、教学名师和名教师工作室导师这几块金字招牌为我树立了一个又一个新的标杆，让我在参加省市教研室的各项活动中得到了更多学习与提升的机会，使我不断通过更新知识来增强自己的造血功能和历史教学新的增长点。东莞市历史学科带头人、东莞市毛经文名教师工作室主持人、东莞教育科研指导小组成员、连续四届担任东莞市中学历史教学研究会副理事长、广东省首批高中历史学科带头人、广东省历史教学先进个人、广东省“特支计划”中小学系列首批十位“教学名师”之一、华南师范大学硕士研究生兼职导师、广东省新一轮名教师工作室主持人、参与广东省新课程历史学科首次高考自主命题、获评正高级教师等，与其说是一种荣誉，不如说是鞭策我前进的鼓声，让我不断归零，不断苦学觅知，不断追求历史教育的本真。

我从2003年调入东莞高级中学以来，无论是高中历史教学，还是班主任工作，抑或是名教师工作室主持人，我都主张与践行教育不是大机器统一加工与标准化生产，应该是小农经济、一田一策、因材施教、个性化定制，所有的教育教学活动以养育学生、滋养其成长为核心，学生是教育的主体。2011年的高考，文科综合成绩东莞市一共有六位同学进入全省前一百名，东莞高级中学占三名，其中两人来自我所教的班。我长期担任高二或高三备课组组长，备课组成绩在市统考或高考中均名列前茅。在学校每学期的学生评教活动中，各项指标的评优率都保持在优秀以上。在高中历史教育教学、学生社团活动、社会实践活动、写家庭史等研究性学习活动中，我努力做好学生的指导者，在热情与参与、责任与创新、培训与服务上下足了功夫，做到了既教书又育人，既能在活动中以史育人，又能利用现代传播手段QQ、微信、公众号等平台建群育人。如每届一次的社会实践活动参观黄埔军校和东莞南社古村落，部分学生认为几栋旧房子没什么可看的，我主动担任义务解说员，把发生在黄埔军校和南社古村落的人、事、历史细节、奇人趣事等一一道来。听了我的解说，学生深受教育，普遍认为参观活动精彩、典型而有意义。

二、肯将荣瘁校群儿

我是一名距离退休不到五年的老教师了，曾经在湖南革命老区的一所农村学校（全县）艰难奋斗了二十个年头，与这所非重点薄弱学校共同成长，最后，这所非重点薄弱学校成了衡阳市重点中学。来东莞17年了，我的历史教学水平也随着东莞经济的腾飞而不断长进。东莞17年，不但是自我学习与提高的17年，更是为中青年历史教师成长服务的17年。下面，我以名教师工作室为例，做一个简要回顾与思考。

1. 因“室”而名——重在构建平台

名教师工作室是一个由一定区域内的名师引领的教师专业发展共同体，是优秀教师共同学习、互勉共助、集体成长的平台。如同《陋室铭》所说的：“山不在高，有仙则名；水不在深，有龙则灵。”名教师工作室因“室”而名，这里的“室”，既是指有形的“室”，也包括无形的“室”。

一是有形的“室”。即工作室要有一定的办公区域，并建设装饰好。工作室硬件建设基本达到了“精致”标准，既突出了整体性与丰富内涵，又彰显了厚重底蕴的历史学科气息，初步具备了浓郁的书院韵味，凸显了学科文化气息；既整洁和谐，又教育意义明显。基本做到了工作室的每一面墙壁的张贴、每一处设施设备、每一件小摆设，甚至是每一丝流动的空气，都能散发着积极向上和浓郁的历史教育氛围。

二是无形的“室”。由于工作室主持人和学员在某区域范围内具有一定知名度和影响力，一般都具有精湛的教学工作能力、先进的教育思想理念、专家型的教育研究眼光、为人师表的示范性和影响力，对团队有引领作用。既有一定的理论储备，又有丰富的实践智慧。成员与学员均来自教育教学一线，是一个自愿组合的团队，具有较强的教育教学能力及研究能力，基本形成了自己的教学风格和教育艺术，教育教学质量高，有一定的管理、组织能力，自我完善、自我突破、自我发展的愿望较强烈。工作室作为培育名师的孵化器，不但要成就名师个人的发展，更要走向群体的共同发展，成为有眼界、有胸怀、有大爱的引领者。优秀的团队并非全部由优秀的个人组成，但优秀的团队一定能塑造出优秀的个人。名教师工作室是我们的梦工厂和星工场，它是现任名师的展示台、后任名师的孵化器，我们带着这个梦想一同前行、一同收获、共同成长。一个人要走得快，靠读书充实自己；一个人要走得远，就得靠团队结伴激励，相互助力。

在广东省毛经文名教师工作室这个平台上，我们始终构建与坚守“引领”是关键、“发展”是核心、“研究”是内涵这个核心理念。作为引领教师专业发展的名教师工作室，工作室一启动就紧紧围绕“引领”做文章，以“教师专业发展”为核心概念，以“学习”“研究”“发展”为关键词。根据工作室学员均有着较高发展起点的实际情况，我们工作的着力点放在“拓宽、挖深、拔高”上，引领学员向更高层次发展，走精英化发展的道路，努力打造新一代名师。学员的专业发展是名教师工作室的内在驱动力，未来工作室的发展水平与运行成效，也主要以学员的发展程度为最终检验标准。

目前，“室”的示范、辐射、指导、引领作用正走在发展的快车道上，整合资源、高端引领、团队培养、整体提升等以学员专业能力建设为核心的措施正在逐步落实，建设一支师德高尚、底蕴深厚、业务精湛、配置合理、充满活力、引领性强、影响力大的高素质粤派名师队伍初步实现了“开门红”。

2018年11月，来自佛山、云浮等地的广东省佛山市李志伟名教师工作室、陈维坚名教师工作室成员共16位老师，齐聚东莞高级中学，参加广东省毛经文名教师工作室跟岗学习活动。学员们通过聆听专家讲座、观摩名师课堂、交流教研教学等形式，实现了“合作交流、互助共赢”的双重目标。本次跟岗学习活动以“三跨”（跨地区、跨学科、跨工作室）为活动形式，以“优秀教师专业发展”为中心内容。推动了跟岗名师从优秀中追求卓越，为学员们成长为具有先进教育教学理念、较高理论水平和实践能力、能够发挥示范引领作用、在省内外具有较高知名度和影响力的名教师打下了更加坚实的基础。在东莞高级中学跟岗学习的三天里，全体跟岗学员收获了涉及专业发展、课题研究、工作室管理、科研论文写作等多个领域的知识，既开阔了视野，促进了教育观念的更新，也收获了一些重要教研技术中具体而实用的操作方法。让学员不断前行，绽放梦想，收获成功。

依托省教育资源公共服务平台，我们初步建成辐射东莞市乃至省内外的网上工作室，接收网络学员进入了工作室培训和专题研修，目前已进行了关于高中历史教学的专题研修五个，解惑十二次。已建立了两个微信群（广东省毛经文名教师工作室网研群和广东省毛经文名教师工作室实研群），进一步完善和充实了“广东省毛经文名教师工作室博客”和微信公信号“读史养史”，关注博客和微信公众号已有三千多人，其中学员们上传到网上产生较大影响的课件与微课资源有27个。著名的中学历史教学园地网站正在积极推介，建立了“全国历史教育名师毛经文优质资源库”，在全省和全国产生了良好的影响。

2. 因“师”而名——重在引领推送

名教师工作室主持人靠什么来引领、推送与培养后任名师，因“师”而名之中的导师应该做到什么才会高效完成工作室主持人的培养任务，才会自觉成为成员与学员前行的航标与榜样。我的做法与体会是：

第一，名师之名，名在名望。名师的名望总体来由以下几个方面构成：先进的教育教学思想、独到的教育教学方法、突出的教学业绩、丰硕的教科研成果、在一定区域内具有相当的影响力和知名度。这也就是说，名师之所以能“名”，靠的是实力和业绩，是众望所归。名师之名望不能简单用粉丝多少、知名度大小、话语权强弱、著述多寡来衡量，名师不是名号，而是口碑，不能为了成名而追求名师。真正的名师要将根深深扎在自己的校园里和课堂上，甘于寂寞，坐得住冷板凳，学生、同事、家长心目中的良师，是用自己的教育思想和教育实践推动教育的发展。

第二，名师之名，名在人格。人格是人的综合素养的结晶。有什么样的人格，就有什么样的人生。名师的人格体现在有个性而不任性，有魅力而无媚态，既能够坚守本心又能够和而不同。以自己的热情激活学员们的热情，以自己的生命去激活学员的生命。淡薄名利，乐于奉献自己的教学智慧；胸襟开阔，善于凝聚团队的精气神；性格开朗，甘于引领学员走向名师。因此，名师之名不在名声、名气，而在于胸怀，即对年轻人的包容、提携、鼓励，对别人的宽容、发现、感化。名在人格的主持人，是教育百年大计的大任者，有大德，带着爱心与激情从事历史教育工作，不断培养学生拥有追求幸福生活的能力。

第三，名师之名，名在好学。一个好学的人不一定能成为名师，但名师一定是好学之人。名师往往视学习为一种生活方式，视学习为一种生命状态，视学习为人生的必然选择，视学习为生活的良好习惯，让学习伴随自己终身，让自己的生命因学习变得美丽而精彩。为学生点灯，助学员提升，看区域引领，让自身前行。

第四，名师之名，名在风格。名师具备坚实的教育学、心理学和现代教育理论知识，具备出色的教学艺术和丰富的教学经验。在理论与实践的结合中建立起自己的教育信念和教育哲学，在创造性的教书育人实践中内化为教育家特有的人格魅力，在各种现实挑战、压力和诱惑面前岿然不动。名师之名，名在信念坚定，名在思想引领，名在实践创新，名在社会担当；名师之名，名在甘于寂寞后的水到渠成，名在坚持不懈中的兼容并包，名在秉承创新中的独立思辨。

3. 因“徒”而名——重在成长成名

名教师工作室的终极目的，是要把学员培养成为名师，为成为名师设置好成长的路径，采取多种措施，开展各种活动，把他们扶上马并送上一程。广东省毛经文名教师工作室培养名师的顶层设计是这样的：先成明师，后求名师。

第一，先成明师。明师是学员成为名师的基础。相对于学员自身而言，历史教师的特殊身份决定了学员先要追求明德、明业、明术。明德即高尚情操，德高为范，有师德之光明；明业即学识渊博，学问高深，有学识之精明；明术即教学艺术，胜人一筹，有点石成金之高明。因此，学员一定要先成为明志之师、明白之师、明理之师、明智之师。

第二，后求名师。名师的产生是多种因素共生共融的结果，学员们只有在先完成明师的历练后，才有厚实的基础去追求名师的高度。因为名师是在敬业中成长的，是在反思中成长的，是在学习中成长的，是在研究中成长的，是在实践中成长的，是在引领中成长的，是在和谐中成长的，是在创新中成长的。守住名师的人生理想、追求卓越的教育信念、历练非凡的教学能力、修炼理性的和缓性格、营造良好的成长氛围等，都是成为名师不可缺少的因素。

2018年12月，第九届东莞市中学历史教学研究会进行了换届选举，毛经文名教师工作室主持人和本市8位学员，有3人担任副会长、2人担任副秘书长、5人担任常务理事。同时，工作室自主联系帮扶的薄弱学校。毛经文、曹军辉送教广西壮族自治区贺州市高三二轮复习，其中毛经文做讲座、曹军辉上示范课；赵晓东、胡波随同东莞市教育局教研室送教云南昭通市，其中胡波做讲座、赵晓东上示范课。2018年5月，毛经文应北师大东莞石竹学校邀请，为学校文科班全体高三上了示范课《临门一脚练考功》，反映良好，效果显著。

名教师工作室的建设过程与名师成长过程，是一个长期奋斗的过程，是不断学习、实践与创造的过程，也是不断提高自己从事教育教学所需要的各种素质、完善自己的素质结构、不断取得教育教学成果、由小成到大成的过程。十多年的名师与名教师工作室成长经历让我深深感受到：名室之名、名师之名，不是功名之名。名在从自在发展走向自为发展，名在将个人经验提升为教育教学思想，名在有思想、有情怀、有功夫、有风格、有传承、有贡献、有影响、有境界，名在缘于热情、成于思想、躬于实践、重于提升。如果我还算一个合格老师的话，只是恰好遇上了东莞教育大发展的好机遇，登上了成长与发展的快船，让我有机会站得高一点儿、钻得深一点儿、研得多一点儿、看得远一点儿、获得成长的机会多一点儿而已。

三、不断绽放新精彩

虽临近退休，我却依然不减教育热情，并力争每天绽放新精彩，始终相信并努力践行教育是一场师生和合共生的幸福修行。主张情绪平和是最好的教育，是一种润物细无声的滋养。陪伴、共情、共生是我从事教育事业的主要追求。教育需要安静，学校需要安定，教师需要安宁。当老师的情绪平和、内心宁静，对学生教育才会变得清晰，才能把教育的理性思考沉淀到学生的内心里面去，骨子里散发出一种遇学生成长之事淡定与教育从容的优雅。教育是一种慢生活，放慢才能超越，宁静方可致远。教育学生要先通情，然后才能达理。老树发新芽、不断绽放新精彩可以概括为四句话：不断追求培养君子的教育理念、持续坚持学生主体的教学思想、始终践行科研导教的教学行为、长期坚守甘当人梯的教育情怀。

1. 不断追求“培养君子”的教育理念

我热爱学生，努力工作，积极做好学生思想工作，指导学生自主发展、规划人生，在指导学生社团活动、社会实践活动、写家庭史等研究性学习活动中，努力做好学生的指导者，在热情与参与、责任与创新、培训与服务上下足了功夫，做到了既教书又育人。

2018年9月，我主动请缨，担任高二文科17班班主任。该班在同届的平行班（东莞高级中学没有重点班，全部是均衡分班）中处于弱势位置，大部分科目成绩均是年级最后一名，其中数学平均分低于年级平均分15分。我以“宽容理性中手持戒尺、理性平和中严格要求”为治班理念。自担任17班班主任以来，我基本上做到了以下六点：一是按时下课，基本不拖堂。因为拖堂容易给学生带来情绪波动和隐性的心理伤害。二是课堂内外不发脾气，平心上课，平和育人。三是从两个方面规范与训练学生：做好人、读好书。滋养“品高、德厚、人和”的好品格，形成“勤奋、专注、有恒”的好习惯，并围绕这两项要求开展了一系列的班级活动。四是进一步厘清了表扬与鼓励的区别，表扬重结果，鼓励重过程。我在17班全面书写教育学生无小事的情怀，在班主任工作中多鼓励学生行为，少表扬结果；重视班级文化建设，追求润物细无声。每个工作日推送一条“毛毛语录”，已推送了两百多条，多次被教育界同行转发，产生了良好的教育影响。五是以身作则，身高为正，我以自己的“品高、德厚、人和”和“勤奋、专注、有恒”来影响学生。六是利用东莞市教育局的微课掌上通和微信17班家长群，每天直播学生在校学习与生活的各种情况，有效引起了学生家长的互动与重视，受到家长的充分肯定和普遍赞扬。现在，高三17班已形成了进步趋势，班纪班风全面改观，学业成绩不但基本摆脱了最后一名，而且正在强势进步，多次受到学校的肯定与鼓励。2020年高考，17班超高优线指标一倍，成为年级超指标最多的班，成功获得年级第一名，初步实现逆袭。

2. 持续坚持“学生主体”的教学思想

自2003年调入东莞高级中学以来，我努力学习，积极投身于此，很快找到了历史教师的准确定位。角色的多元化让我不再像以往那样直接以权威的身份向学生传递经验与知识，而是通过间接的方式实现文化传递。

3. 始终践行“科研导教”的教学行为

领导与同事评价我是一位科研型的教师，基本上做到了“在研究中工作，在工作中研究”。我是东莞市教育科研指导小组成员，先后主持或作为核心成员参与了省市级课题六项，均获得省市级奖项。出版或正在出版的教育教学专著三部，发表与获省市级奖的教育教学论文七十二篇，其中七篇被人大复印资料中心《中学历史、地理教与学》全文复印。

我积极研究和探索在每一堂课中积极探寻与运用能够让课堂活色生香的历史细节，主持省市级课题《基于有效课堂运用历史细节的策略》，研究和探索如何在历史细节中见微知著、重建现场、呈现进程、层层探秘、钩沉思想和彰显多维，如何让历史细节在点拨重点、阐释难点、探究疑点、品味亮点等方面发挥其不可替代的作用，不断让学生感受历史的酸甜苦辣和成败兴衰，让课堂活跃于历史细节，深受学生欢迎，成效显著，成果斐然。课题结题即获东莞市第十三届基础教育优秀成果一等奖、广东省教育创新成果奖，并在全国产生了较大影响。中学历史教学界仅有的三大专业刊物均发文关注，《中学历史教学参考》连续三期刊发我关于历史细节的系列论文，全国中文核心期刊《历史教学》刊发课题组另外三位成员的系列论文，《中学历史教学》也刊发课题论文给予肯定。在课题研究过程中，共接待了12次参观与交流活动。

同时，我还积极参与课堂教学改革，发挥示范引领作用。2019年5月，东莞市创建品牌学校展示活动中（东莞高级中学站），我为大家呈现了一堂精彩的历史一轮复习课《量地制邑度地居民——中国古代行政区划的流变》，一百多位听课教师挤满教室及走廊。不但有东莞市的老师，也有周边几个市里的老师；不但有历史学科老师，还有语文、地理、数学、政治学科老师。听课教师占当天学校听课总人数的四分之一左右，发挥了较强的示范和辐射引领作用。

4. 长期坚守“甘当人梯”的教育情怀

我积极为青年教师成长服务。从2006年起，我先后担任了省市首批历史学科带头人、东莞市毛经文名教师工作室主持人、广东省毛经文名教师工作室主持人等，积极发挥传帮带与示范引领作用，先后培养了跟岗学员30多人、网络学员118人。学员们在我的指导和影响下，积极肯干，成长很快，各显特色。

如东莞市中学历史教学研究会有五名副会长，其中三位是我名教师工作室的学员；五位正副秘书长，有四位来自我工作室，学术委员会也有一半成员是我工作室学员。近几年市级以上教研活动的示范课、公开课、观摩课、专题讲座或介绍经验的活动，有五成来自毛经文工作室学员，先后培养和影响了赵晓东、付昭权等三十多位优秀青年教师。也经常通过网络平台和历史学科知名专业网站，无偿把自己的一些教学经验辐射到全市乃至全省、全国。

2012年至今，我先后赴广东省各地市、贵州、安徽、湖南等省讲座讲学56堂，内容集中在高中历史教育教学、历史教师培训、高考复习和上示范课，在全省乃至全国范围内都产生了较大影响。与此同时，我还积极参加了“广东省中小学特级教师教学支援行动计划活动”，在韶关乳源中学上示范课《经济体制改革》，并主讲《不断把历史话题揉搓成课题研究》，现场听课老师和学生反应热烈。后又远赴贵州毕节市主讲必修一深度解读，受到现场听课老师的欢迎。像这样的支教送教下乡活动，每学年均在两次以上。

四、鼓励鞭策催我行

履教东莞17年来，我政治立场坚定，师德师风高尚，教育科研能力突出，教育教学业绩卓著，先后被评选为东莞市历史学科带头人、东莞市毛经文名教师工作室主持人、东莞教育科研指导小组成员，已连续担任东莞市中学历史教学研究会副理事长四届，为东莞初高中历史教育做出了自己的贡献。2009年被评为广东省中学历史教学先进个人；2011年评为广东省首批高中历史学科带头人；2014年被评为广东省“特支计划”中小学系列首批十位“教学名师”，是当年广东省中学历史学科的唯一入选者，也是东莞市中小学系列入选省级“教学名师”第一人；2016年被聘为华南师范大学硕士研究生兼职导师；2017年被评为广东省新一轮名教师工作室主持人；2019年被评为东莞市优秀教师和东莞市第二届十位“最美教师”之一。我还曾参与广东省新课程历史学科首次高考自主命题，是当年唯一的中学教师代表。《中国教师》《中学历史教学》《中学历史教学参考》等杂志先后专版长文介绍我的教学追求和学术影响。《南方日报》《南方都市报》《广州日报》、东莞市电视台、东莞广播电台、《东莞日报》《东莞时报》东莞阳光网等多家省市级媒体多次报道了我的教书育人典型事迹。2018年，东莞市委组织部编撰的《才聚莞邑》一书也收录了我的事迹。我相信，有了上级领导和学校的不断鼓励，到退休的那一天，一定会让大家看到我的进步。

我始终相信并努力践行教育是一场师生和合共生的幸福修行。因为做老师、当班主任，确实值得我们去思、去想、去行动，愿天下所有的历史学科教师都在一个又一个五年计划中经营好自己的历史！